百部青少年爱国主义教育读本

革·命·摇·篮·系·列

瑞金的故事

杨江华◎主编

CTS
湖南科学技术出版社

图书在版编目（CIP）数据

瑞金的故事 / 杨江华主编.—长沙：湖南科学技术出版社，2012.10（2021.9重印）

(百部青少年爱国主义教育读本)

ISBN 978-7-5357-7377-7

Ⅰ.①瑞… Ⅱ.①杨… Ⅲ.①爱国主义教育—中国—青年读物②爱国主义教育—中国—少年读物Ⅳ.①D647-49

中国版本图书馆 CIP 数据核字（2012）第 217346 号

百部青少年爱国主义教育读本

瑞金的故事

主　　编：杨江华
责任编辑：程立伟　李文瑶
出　　版：湖南科学技术出版社
社　　址：长沙市湘雅路 276 号
http：//www.hnstp.com
邮购联系：本社直销科　0731-84375808
印　　刷：三河市信达兴印刷有限公司
(印装质量问题请直接与本厂联系)
厂　　址：三河市杨庄镇大窝头村西
邮　　编：065200
出版日期：2012 年 10 月第 1 版第 1 次　2021年9月第2次印刷
开　　本：710mm×1000mm　1/16
印　　张：11
字　　数：140000
书　　号：ISBN　978-7-5357-7377-7
定　　价：36.00元

目 录

Contents >>>

第一章

“共和国”摇篮——瑞金

中国共产党人领导的中国工农红军，打破国民党的“进剿”、“会剿”和数次“围剿”，用星星之火燃成燎原之势，在瑞金建立了第一个全国性红色政权的首都。在这里，每个人都闪烁着革命的梦想与斗志，用自己勤劳的双手为未来不懈奋斗。

柏露定计——红四军主力下山

1928 年 4 月，国民党军调集重兵包围和封锁井冈山地区，对红四军不断发起“会剿”行动。面对敌人不间断的骚扰，红军在党的领导下奋勇抗敌，获得一次又一次反“会剿”胜利。与此同时，湘鄂两省国民党调集强大兵力，对红五军发动“会剿”。鉴于力量悬殊，中共湖南省委决定由彭德怀和滕代远率红五军主力第一纵队、第三纵队南下井冈山地区。12 月上旬，红五军主力成功与红四军会师，增强了井冈山根据地红军的力量。

红五军与朱、毛领导的红四军在井冈山成功会师的消息传到了国民党南京政府，蒋介石勃然大怒，下令撤换江西省政府主席鲁涤平“湘赣剿匪总指挥”一职，由湖南省政府主席何键取而代之，来一招

◎1928 年，彭德怀、滕代远率领红五军到达宁冈，与红四军胜利会师。1928 年 12 月 11 日，在宁冈新城西门外举行了会师大会。图为新城古城墙

“换将会剿”。

新上任的“总指挥”吸取了前任的教训，对“会剿”不敢有丝毫懈怠，迅速制定“会剿”计划。何健的计划是调集十八个团以上的兵力，在 1929 年 1 月 20 日前进入作战地点，大举进攻井冈山。

何键的“会剿”计划陆续传到了前委及红四军军部。而就在这时，中共江西省委通过吉安县的地下交通线，传来了中共‘六大’文件。中共‘六大’于 1928 年 6 月 18 日至 7 月 11 日在苏联莫斯科召开，会上制定了反对帝国主义和封建主义、实行土地革命、建立工农民主专政的革命纲领，并提出了现时党的任务、党的路线，要求最大限度地发展工农红军，建立红色政权。

毛泽东与朱德考虑到此文件的重要性，又见国民党这次“会剿”来势汹汹，听说连飞机都要用上，看来是准备将井冈山夷为平地。以此认为，当务之急是要召开会议，尽快制定一个应对策略。经二人相

商，最终决定会议于 1 月 4 日召开。

1929 年元旦刚过，井冈山柏露村热闹非凡。边界各县的负责干部及红四军、红五军军委委员陆续来到这个小村庄准备共商大计。1 月 4 日一大早，与会人员一共六十四人全部到齐，会议迅速召开。

会议由毛泽东主持，他先向众人传达中共‘六大’的文件。等众人明确了革命最新任务与指示后，会议开始进入最为紧迫的议程——讨论如何应对湘赣两省敌人的第三次“会剿”。

针对这一问题，与会的领导干部主要分为两派，一派是“主战派”，主张奋起迎敌，利用山险击退敌人。另一派则完全相反，他们认为国民党军这次兵力强大，来势汹汹，盲目死守很可能会把多年来建起的基业毁于一旦。他们主张红军应跳到山外，避免与敌人正面对战，以盘旋式的战略，在井冈山四周打圈子。

这两派的人相互辩驳，各执一词，互不相让。一天下来，谁也没有说服对方，只得等到第二日继续。

等到第二日，屋外寒风凛冽，屋内却讨论得热火朝天。前一日各执己见的两派，今日依旧互不相让，争论得异常激烈。

一直没有明确表态的彭德怀神情严肃地听着双方争论，忽然开口说道：“这么重大的事情，前委肯定有所考虑，还是请泽东同志谈一谈吧。”

听了这话，刚才争论得不可开交的双方都安静下来，将目光投向毛泽东，准备听听他的看法。

毛泽东沉思了一下，向众人看去，说道：“我认为不能死守。敌人兵力超过我们五倍、六倍，装备也大大强于我军，死守必定会带来不可估计的损失。”

听了这话，刚才“主战派”的袁文才、王佐、伍中豪等人有些泄气。谁知毛泽东又说道：“不过，盘旋式战略也行不通。跳到山外，等于放弃井冈山，我们在此经营一年多，好不容易建立了罗霄山脉中断政权，这块革命根据地不能丢!”

这段话一说完，连主张外出打圈的人也有些糊涂，一面觉得毛泽东说的有理，另一面又不知究竟该采取何种方法应对。

就在大家迷惑不解的时候，毛泽东又抛出了一个新问题——经济问题。他说：“边界的土豪已经打尽，此时进行战斗、补给的资金、物资很难再筹到，大家的衣食会成为大问题，以这样困窘的经济，我们还能维系多久?”

不等大家做出反应，毛泽东又继续说道：“我们要有积极的战略，不能被动。古人曾用过一计，叫‘围魏救赵’，我们要用的就是这个。敌人从这边打过来，我们就从那边打过去，迂回敌后，在外线消灭敌人有生力量，同时牵制进攻井冈山的敌人。”

毛泽东的一番话将事实分析得透彻，提出的策略也极具情理、切实可行，得到了众人的一致认可。

之后，众人针对毛泽东提出的方案，开始商讨具体部署问题。为时三天的柏露会议，经过多方争论、权衡，最终确定了具体战略方案：红五军与红四军三十二团坚守井冈山；红四军主力出击赣南，迂回敌后，牵制井冈山之敌。

1929 年 1 月 14 日，朱、毛率领红四军主力 3600 余人，从下庄、行洲离开井冈山。3600 余人脚穿草鞋，行进在白雪皑皑的崎岖小道上，向着远方前进。

另一边，彭德怀所率红五军与袁文才、王佐带领的红四军三十二团站在风雪中，望着走出井冈山的队伍，心中怀难以言喻的心情，沉默地向他们挥手告别。

就这样，红四军、红五军各自担负起自身的任务，开始了新的战斗征程。

大柏地上出奇兵

出击赣南的红四军走的是商贩们为躲避税卡而走的秘密山路。此条山路虽然隐蔽，但极为崎岖难走，当时又正值寒冬，雨雪交加，只四五天，将士们的草鞋就几乎全部磨烂了。不少人赤脚行走在有着积雪与石砾的山路上，他们的脚被冻伤，被石砾划破，双脚疼痛难忍。但这支 3600 余人的队伍，却没有一人掉队。陈毅后来在向中央的报告中写道：“此足以打破集团军事行动之空前纪录。”

红四军之所以选择隐蔽的小路，为的就是躲避敌人追击，可没有想到的是，红四军离开井冈山没几天，敌人第 7 师李文彬 21 旅就开始跟踪追击。当红四军下山的第九天，部队进入大余县城的当晚，李文彬就派两个团悄然跟进，于 24 日清晨向红军发起突袭。

这次战斗，红军大部虽成功突围，但损失极为惨重。军部独立营营长张威、二十八团党代表何挺颖、三十一团一营营长周舫都在激战中壮烈牺牲，而红军在大余县城筹得重要军资一万元银洋也全部丢失。

成功突围的红四军并没有完全脱险，他们沿途路过的村子都据守着地主武装，红军又无法与当地党组织取得联系。刚经历过恶战的战士们疲惫不堪却又找不到安全地方进行休整，粮食与弹药也所剩无几，重重困难侵扰着红军。

直至 1 月 31 日，红四军才与在寻乌的菖蒲圩与中共寻乌县委书记古柏接上联系。按照古柏的建议，红军前往罗福嶂山区，露宿在吉潭的圳下村。然而，这并不是一个好的转机，相反一个新的危急即将出现。

早已埋伏在周围的国民党刘士毅两个团及靖卫团千余人对我军展开猛烈进攻，红四军三十一团措手不及，仓促应战，最终被敌人围困住。就在这危急时刻，幸得二十八团的一营、三营奋力救援，三十一团才得以突围。

部队为了尽快与追击的敌人拉开距离，不顾河水刺骨的冰凉，涉水而行。最终，部队急行四里多才将敌军甩掉。这次仓促撤退，军部宣传队队长，同时也是朱德妻子的伍若兰掉队了。朱德控制着自己焦虑的情绪，反安慰其他人说："等等看吧。"谁知，最后等来的消息却是伍若兰负伤后落入敌手的消息。

朱德没有因为伍若兰被捕而表现出过多情绪，他还是与毛泽东沉着地指挥军队，一起率军行进。他不是不担忧，只是他知道此时担忧也只是徒劳。红四军一路的战斗失利，损失了百余支枪、600 多人，伤员不断增加，弹药粮食已经消耗殆尽。这段时期，就像毛泽东之后给中央的报告中所说的："是我军最为困难的时候。"

2 月 8 日，红四军经会昌县来到了瑞金，刚准备进城露宿休整，就与敌人的先头部队发生了一场激战，并最终取得胜利。红四军从俘虏口中得知，刚刚的敌人只是刘士毅部队的先遣队，主力就在后面跟进。朱德一听这个消息，连忙率军离开瑞金城向北退去。

2 月 9 日，红军北退至大柏地。大柏地地域山岭耸峙、树林茂密，多年游击战与伏击战的经验告诉毛泽东与朱德，这个地方是伏击敌人的最佳地点。在这之前，毛泽东与朱德等人已经做了红四军被打散的最坏打算。而此时看到大柏地，朱、毛二人心中对此次战斗燃起了胜利的斗志。朱德坚定地说道："成败在此一战!"

两天以后，也就是 1929 年的大年初一。在这个本该是最喜庆的日子里，红四军大部将士忍受着寒冷与饥饿，潜伏于大柏地南侧，前村两侧的山上，准备伏击敌人。而另一部队战士则在进行另一项任务。当时，刚刚好吃好喝过完春节的刘士毅部队打算乘胜追击，向大柏地进发，而没有负责埋伏的战士就负责迎击敌人。

刘士毅看到红军部队赶来阻击，立刻命令全军进入战斗状态，准备将红军彻底消灭。谁知，这批红军边打边退，呈现一派颓势。敌人见红军如此不堪一击，心中暗喜，决定乘胜追击，不疑有他。

当红军战士退至大柏地附近，便与东、西两侧红军形成一个口袋型的伏击圈。而此时的敌人已经被求胜与轻敌的思想淹没，仍不知中计，见红军深入“口袋”底部，也一鼓作气全都深入而去，全部进入“口袋”。潜伏在东西两侧的红军战士见时机已到，迅速向敌后迂回出击，将“口袋”扎住。一时间，冲锋号响起，杀声震天，国民党军被这阵势吓得慌了神，仓促迎击。

红军弹药不足，火力不如国民党军队，但是战士们斗志高昂，仿佛有着无穷力量，没有子弹了，就用石头砸，用刺刀刺，用枪托搏杀……国民党军从没有遇到过如此对手。酣战两小时后，战斗结束，兵力远远不如国民党的红四军获得全面胜利。国民党军两个团全部被歼，俘敌 800 多人。

◎图为江西瑞金大柏地战场今貌

这场战斗也许不如之后一些战役规模宏大，但是它的意义却非同寻常。这支弹尽粮绝，仿佛要被逼进绝境的部队，因这一仗重新获得了元气。红四军缴获了国民党两个团的所有枪支弹药和购买补给的银钱。李文彬第21旅得知红军大柏地战况后，也在于都、会昌一线停止了追击的脚步。这是红军自离开井冈山以来的首次胜利，陈毅称之为“红军成立以来最有荣誉的战斗。”

毛主席曾在1933年为此次重大战斗胜利写下著名诗篇《菩萨蛮·大柏地》：

赤橙黄绿青蓝紫，
谁持彩练当空舞？
雨后复斜阳，
关山阵阵苍。
当年鏖战急，
弹洞前村壁。
装点此关山，
今朝更好看。

长汀定新策——确立赣南、闽西的武装割据

大柏地之战大获全胜后，红四军于2月13日移师宁都。也就是在这时，传来一个噩耗，之前被敌人抓住的伍若兰，因拒不登报与朱德脱离夫妻关系，被敌人残忍杀害，头颅被悬挂在赣州城南门口。众人听闻此消息后悲痛不已，朱德更是伤心欲绝。但这些接受过战火与革命洗礼的人们，不会因悲伤而丧失斗志，郁郁寡欢，相反，他们会继承死去的烈士的遗志，继续英勇奋斗。

2月17日，红四军进入吉安县的东固山区。朱、毛二人早就听过“上有井冈山，下有东固山”的说法，等亲自到达东固山后才真正领路到这句话所包含的意义。东固山山峰连绵不绝，山势险峻，树木丛生，北有钟鼓岭，东南有“狐狸十八歇”峡谷，南面有大乌山、荒石岭，西北是白云山、养军山。虽然山势险要，但在当地党组织的努力下，该地区的农产品却非常丰富，大米、茶油、竹木、药材应有尽有。

据守此地的是李文林领导的江西红军独立第二团，而就在前不久，这支队伍又在兴国的莲塘组建了红四团。在李文林的领导下，整个红色割据地坐拥两千多平方公里，拥有十六万人口。就连一手建立起井冈山根据地的朱、毛二人都对此地赞叹不已。

第二日，红四军与李文林的部队接头。李文林久仰毛泽东大名，而且他还是朱德的老部下，这次会面让他很是激动。毛泽东对李文林也心怀钦佩，朱德更是对这位老部下赞赏有加，此次会面三人相谈甚欢。

2月22日，红四军与红四团、红四团在东固螺坑石古丘河滩上举行会师大会。毛泽东与朱德分别在大会上做了激动人心的讲话。当时担任政治部主任的陈毅还在会上做了一首诗：

峰峦如屏障，东固山势高，
会师天下壮，此是东井冈。

红四军在东固休整了一个星期，元气渐渐恢复。士兵们一个个又变得精神饱满，斗志昂扬。就在这看起来一片喜庆的时候，井冈山方面传来令人震惊的消息：湘赣边界的井冈山已被两省敌军在2月初攻占，守山的彭德怀及红五军去向不明。

这个消息犹如晴天霹雳，让毛泽东和朱德震惊不已。毛泽东沉默许久，像是在压抑情绪，过了好一会儿，才长长地叹了口气，说道：

“没想到还是没能守住。”

国民党没有给红军多久沉浸于痛失井冈山的悲伤中的时间，很快就又有消息传来，称：驻于都的李文彬二十一旅与驻吉安的滇军第十二师已从南北两个方向朝东固移动。

毛泽东等人立刻根据此情况召开了紧急会议，决定红四军既不在东固与敌人交战，也不再回井冈山，而是采用“飘忽不定”的打圈子战术，向赣南进行游击。这次的“打圈”战术和之前柏露会议上袁文才、王佐提出“打圈”基本相同，只不过他们在“打圈”的基础上加上了一个“秘密割据”，这样可以使红四军在更大的范围内打圈圈，争取创造一个更广大的割据区域。

2 月 25 日清晨，红四军离开东固，3 月 9 日达到瑞金的壬田镇。在此，红四军得知滇军第三十五旅已在东固掉头西进。朱德认为滇军很有可能对红四军造成威胁，建议翻越武夷山，东进福建长汀。毛泽东同意了朱德的建议，率领红四军向长汀进发。

红四军秘密潜入长汀，并迅速与当地党组织取得了联系。经了解，福建省防军第二混成旅郭凤鸣驻守在长岭寨的两个团防范疏忽，朱德建议先拿他们开刀。朱德这一建议得到众人同意，并制定了战斗部署。

3 月 14 日一早，红四军就对长岭寨发起进攻。郭凤鸣亲自上阵督战，想要依靠火力制高点对红军造成杀伤，无奈红军的进攻异常猛烈，郭凤鸣的队伍根本无法招架，不是战死就是四处溃逃，而郭凤鸣最后也被红军击毙。长岭寨一仗，红四军大获全胜。

汀州地头蛇郭凤鸣的失败，让红军成功占领汀州，并筹集到了大量粮款。军队获得了充分补给，甚至一直穿着破衣草鞋的红军战士们，也终于得到了统一的军服。战士们穿着崭新的军服，头戴八角形五星帽，心里别提有多高兴了，各个精神奕奕，斗志昂扬。

占领汀州并不是最终的胜利，只是暂时的胜利。为了扩大胜利，前委决定由陈毅总负责，红四军进行短距离分兵活动，在附近的农村

动员群众，帮助农民打土豪劣绅，建立工农革命政权。

朱德留在城内负责组建赤卫队，扩充军力。在朱德等人的努力宣传下，几天内就有两千多名年轻农民报名参加红军。

一直是前委“大脑”的毛泽东的工作是思考。毛泽东几日废寝忘食，一直在思考的这个问题极为重要，那就是：接下来该如何行动。

在红四军离开井冈山的这段时间里，中国的政局发生了很大变化。蒋介石为了排除异己，借统一编遣全国军队为名，对冯玉祥、阎锡山、李宗仁三大军阀进行打压、削弱。不满蒋介石做法的李宗仁对亲蒋的湘省主席兼十八师师长鲁涤平下手，找借口派兵进驻长沙。蒋桂矛盾激化，“蒋桂战争”爆发。

军阀开战的局势正中毛泽东下怀。毛泽东在井冈山时就曾说过：“我们只需知道中国白色政权的分裂和战争是继续不断的，则红色政权的发生、存在并且日益发展，便是无疑的了。”他还说过，“只要军阀开战，我们就好办，利用统治阶级内部破裂的时机，发展红色区域的武装割据。”

毛泽东翻阅了关于汀州的各种书籍，例如《汀州府志》、《长汀县志》，还与当地许多阅历丰富，颇有真知灼见的人进行长谈。几日下来，毛泽东忽然豁然开朗，一解前几日的困惑，眼前看到了一片光明的新天地。

毛泽东想到了李文林在东固建立的“秘密割据”。在东固，虽然表面没有“红色”的标记，但是人人都有一颗红色的心，在敌人看不到的“地下”，党组织展开着热火朝天的革命活动。他们不会受到经济的威胁，也可以及时探听敌人的军事情报，一切进行得有条不紊。而此时红四军已经占领了汀州，而且赣南、闽西一带不论地理条件与民众基础都比井冈山更有利于实行武装割据，毛泽东想：“我们是否可以在一个全新的地方建立一个像井冈山，甚至优于井冈山的红色政权？”

3 月 20 日，毛泽东在辛耕别墅主持召开了一次红四这前委扩大会

◎红四军前委扩大会议旧址——长汀辛耕别墅

议。会上，毛泽东明确提出了自己的大胆创想。他说：红四军不回井冈山了。我们应该在赣南闽西开创比井冈山更大的割据区域！咱们“围魏救赵”的方略是失败了，没有“救赵”成功，反而险些陷在绝境之中。既然旧的方略行不通，就制定新的方略。

与会者们听了毛泽东的一番讲话，大受启发，对毛泽东这个大胆、又极为可行的想法感到由衷地佩服，纷纷表示赞同。

毛泽东见同志们对他的想法表示赞同，又继续具体阐述道：“我们必须确立闽西赣南的公开武装割据，这是无论如何不能放弃的，也是我们下步前进的基础！”

最终在毛泽东、朱德、陈毅等人同心协力、探讨相商后，终于决定：“在国民党混战的初期，以赣南闽西二十余县为范围，以游击战术，发动群众以至于公开苏维埃政权割据，以此割据区域，与湘赣边界之割据区域相连接。”

自此，红军开始在此地创造出一片全新的、伟大的、红色政权。

“二月来信”与红四军“分权风波”

1929年4月，红四军来到赣南的瑞金。刚到瑞金不久，红四军就得知一直失去消息的红五军就在瑞金。朱、毛二人惊喜万分，连忙与彭德怀、滕代远取得联系。分别数月，两军终于再次相见。

毛泽东、朱德、彭德怀、陈毅等人彼此见到老战友都激动万分，开始了促膝长谈。彭德怀将井冈山失守的经过向朱、毛二人做了简单的叙述。毛泽东听后自责地说道：“井冈山失守，也有前委的责任，‘围魏救赵’的战略没有达到预期目的。”

话题进行到这里，大家的心情都有些沉重。陈毅看大家突然沉默下来，忙将前委决定在赣南闽西建立新的红色政权的决定告诉了彭德怀与滕代远。

彭德怀与滕代远初听时震惊不已，一时没有做出表示。毛泽东又补充说：“井冈山是革命的摇篮，是最早的根基之地。我们不会放弃。”

几人听后，都明白了毛泽东的目标是要将赣南与井冈山连接起来。彭德怀与滕代远也表示赞同。

就在全军上下正处在因新的目标与新的希望而充满斗志时，中央的一封“二月来信”突然传来，将刚刚开始展望新未来的红军又拉入新的困境。

“二月来信”是指中央在2月7日发给红四军前委的一封指示信。共产国际的领导人布哈林早就提出了“分散红军”的主张，认为红军太集中，很容易被敌人消灭。所以，中央在信中对国内革命形势做出了悲观的估计，提出：“将红军的武装力量分成小部队，散入湘赣边境各乡村中”。指示信的意思是将红四军分割为数个小分队，每分队人数为十人或者百人，最多不可超过五百人，理由是“避免红军目标的集中和便于给养与持久”。

除此之外，信中还要求朱、毛二人离开红四军，前去中央，给出的理由有两点：“一是朱、毛两同志离开部队不仅不会有更大的损失，且更利于部队分编计划的进行，因为朱毛两同志留在部队中目标既大，徒惹敌人更多的注意；二是朱、毛两同志来到中央后更可将一年来武装斗争的宝贵经验，贡献到全国以至整个的革命。”

毛泽东与朱德看完这封信后，都陷入长久的沉默中。他们对信中的安排并不赞同，但中央的来信既不能隐瞒也不能回避，二人决定将中央的指示传达下去，在党的会议中集体讨论。

4 月 4 日，毛泽东主持会议，将中央的指示传达给了军中的各位干部。这对于极为看好前委扩大会议决策的众人来说，犹如被迎头泼了一盆冷水。干部纷纷发言，对中央的安排表示不满。有的说“井冈山的两次失败还不够说明分兵的问题吗?”还有的说“朱、毛走了，前委谁来管?”更有的人直接说不要理会中央的决定……

毛泽东在会上得到大家的一致支持，很是欣慰。他将众人与自己的意见整理归纳，给中央作了回复。毛泽东先针对中央做出的“分兵”方针做出了阐述：“中央此信对客观形势的主观力量的估计，都太悲观了。国民党（三次）进剿井冈山，表示了反革命的最高潮。然至此为止，往后便是反革命高潮逐渐低落，革命高潮逐渐升涨……在将来的形势下，什么党派都是不能和共产党争夺群众的。”

之后，毛泽东又针分散红军的决定作出申述：“我们从前年冬天就计划起，而且多次实行都是失败的。因此一是主力红军多不是本地人，与地方武装赤卫队完全不同；二是分小则领导不健全，恶劣环境无法应付，容易失败；三是容易被敌人各个击破；四是愈为恶劣环境，部队愈须集中，领导者愈须坚决奋斗，方能团结内部，应付敌人。”同时，为避免有“抗上”之嫌，毛泽东向中央建议由刘伯承与恽代英代替他与朱德。他说：“刘可任军事，恽可以任党及政治，两人如能派来，那是胜过我们的。”

毛泽东这封代表红四军回复中央的信交由区寿昌带回上海向中央复命。

这之后，红四军在军事上的发展非常顺利。红四军利用蒋介石忙于“蒋桂战争”，积极发展、开展革命斗争。4 月，进兵于都、兴国，建立了两县的革命政权，攻占了宁都县城；5 月至 6 月，第二次入闽，三克龙岩，再占永定，使闽西割据区域初具规模，兵力也大大增强。

中共中央的“二月来信”虽然没有对红四军内部部署造成变化，但这封信的出现，还是给红四军留下了一些“后遗症”。这个“后遗症”导致红四军内出现了一场“分权主义”的政治纷争，而这场纷争无论是在当时，还是对后世都产生了深远影响。

“分权主义”主要是针对军党委会（即军委）与前敌委员会（也称前线委员会，即前委）。前委对军委具有领导权，是赣南闽西地区党组织的最高指挥机构。1929 年 1 月的时候，毛泽东出于减少领导层次，提高战斗力的考虑，提出取消军委，统一由前委指挥军事。这项决议虽获通过，却招致包括朱德在内的一些军事干部的不满。军委取消后不久，毛泽东就察觉出许多干部的不满情绪。为了革命队伍的团结与稳定，毛泽东又于同年 3 月提出恢复军委。

军委的恢复虽然使矛盾得以缓和，但之后紧随而来的“二月来信”与红四军第二次入闽获得成功，使“军委”与“前委”之间的“分权”问题又再次激化。

在这次“分权”事件中，有个人扮演着重要角色，那就是刘安恭。刘安恭曾在德国留学，又专门去苏联学过军事，极为推崇军事力量。1929 年 3 月，他回国后加入红四军，担任军政治部主任一职。随着军委恢复的提议日渐成型，刘安恭就被前委指定出任临时军委书记。

刘安恭上任后制定的第一个决议，就是：前委只须负责作战计划的制定，其他问题一概不得过问。这个决议的目的非常明显，那就是要限制前委的权利，企图架空前委。

毛泽东接到决议后大为震惊，他没想到这个“空降”的刘安恭刚上任就想架空前委。毛泽东立即找到刘安恭，明确向其提出：前委是中央指定建立的，书记由中央直接任命。根据中央指示，前委与军委的关系就是领导与被领导的关系。按照党的原则，军委作为下级机关，显然没有权限对前委的工作指手画脚。

谁知，刘安恭对于毛泽东的一番警示毫不在意，反而利用中央的“二月来信”指责毛泽东才是对抗中央的人。毛泽东虽然得到了众多人的支持，但朱德等部分军事干部却支持刘安恭的主张。

毛泽东与刘安恭各执己见，爆发了一场大争论，互相反驳，争执不下。这场争论影响了整个军队。连许多基层战士都知道毛泽东与刘安恭的争论，以及与朱德存在“军委分权”的问题。眼见事情越闹越大，曾担任红四军军委书记的陈毅可着急坏了，他不愿意轻易表示支持任何一方，以免让事态越发不可收拾。

这场“分权”风波，没有因为陈毅的担心而渐渐平息，反而在6月22日召开的红四军“七大”上发展到了顶点。会议由陈毅主持，出席会议的除前委委员以及大队以上党代表外，还有部分军事干部和士兵代表。

会议一开始就充满了剑拔弩张的气氛，持有不同意见的双方各坐一边，火药味极为浓厚。刘安恭依旧咄咄逼人，指责毛泽东“一贯专权”、“不服从中央调动”。对于刘安恭的指责，毛泽东则明确表示，如此下去，自己的工作无法开展，“坚决辞职”。

会议上双方争论许久，都不能说服对方。等到下午时，只好由陈毅作结论性发言，对毛泽东、朱德都分别做了批评，并指出刘安恭的主张与观点是错误的，背离了党的组织原则。最后，会议重新选举前委书记，陈毅得票最多，被任命为前委书记。

◎红四军『七大』旧址——公民小学原貌

离开红四军前委领导岗位，让毛泽东黯然神伤，就连他的妻子贺子珍都打趣他说：“过去总说朱毛、朱毛，如今怕是朱归朱，毛归毛喽。”

这之后，新前委对支持毛泽东的干部进行了调整，并指派毛泽东去闽西临时特委驻地上杭县蛟洋，指导召开中共闽西“一大”。

毛泽东服从命令，前往上杭蛟洋，参与中共闽西“一大”的领导工作。谁知，“一大”还没开完，毛泽东就患上疟疾，连续几天作寒发热，卧床不起，无法继续工作。这边毛泽东身体还未康复，那边又传来敌情，毛泽东只好与贺子珍在同志们的帮助下多次辗转移居，长期隐蔽休养。因为长时间无法与组织进行联系，致使一度有传言说毛泽东“失踪”了，更夸张的是，不知为何，远在莫斯科的共产国际总部还于 1930 年 2 月 20 日发布了一份措辞恳切的讣告，闹出了一个“毛泽东已经病逝”的国际误会。

1929 年 10 月，毛泽东的身体已经大有好转。他与妻子来到了上杭蛟洋与龙岩之间的苏家坡指导地方上的工作。在这里，他收到一封陈

◎中国闽西第一次代表大会旧址——蛟洋文昌阁侧面

毅写给他的信。信中写道："我这次到中央，我们争论的问题都解决了。七次大会是我本人犯了一次严重的错误，我可以作检讨。中央已承认你的领导是正确的，此间四军的同志也盼望你归队。希望你见信后，坐担架赶快回来，就任四军前委书记。这是中央的意思，也是我和玉阶（朱德）及前委的希冀。"除此之外，还附有一封中共中央的"九月来信"。

陈毅为何忽然邀请毛泽东回去继续领导前委工作？中央的"九月

来信”又是什么？这还要从陈毅 8 月上旬赶赴上海参加中央的军事会议和报告红四军的情况说起。

陈毅为了尽快解决朱、毛之间的矛盾和军中的问题，决定趁赴上海参加中央军事会议的机会，向中央客观公正的进行汇报。陈毅将红四军当时的形势以及党内所发生的争端等一一向中共中央进行了详细、客观的汇报。中央听取陈毅的报告后非常重视，特意委派周恩来、李立三、陈毅组成三人的委员会，专门负责红四军问题的处理工作。

三人对红四军中出现的问题进行了分析研究，制定出合理方案，由陈毅起草了一份《中央给红军第四军前委的指示信》，信中最关键的决定就是：“毛仍为四军前委书记”。9 月 28 日，这封信由中央确认通过。这封信也就被称为了“九月来信”。

10 月间，陈毅赶回部队，到了部队就得知刘安恭牺牲的消息，陈毅感到惋惜，他还没来得及向刘安恭告知将其调到上海的消息。陈毅没有过多时间沉浸在失去战友的悲伤中，连忙向朱德传达了中央的指示。

朱德得知中央做出让毛泽东继续前委书记一职的消息后，没有表示不满，而是理解地说：“中央让他回来是对的，没有他，我们对红四军的领导确实有些力不从心。我欢迎他回来。”

朱毛之间的“分权”矛盾就此化解。陈毅也很快修书一封，附带中央的“九月来信”一并派人送给了正在苏家坡休养、工作的毛泽东。

毛泽东将陈毅与中央的信仔细阅读了两遍，感慨良多，沉闷已久的心，也得以开朗复苏。他恨不得不理会身体虚弱的状况，立刻出发前去红四军的军营，与战友们一起并肩作战。但令毛泽东没有想到的是，还没等他出发回部队，11 月 25 日，陈毅就来到他的家门口亲自迎接。看到站在门口的陈毅，毛泽东心中思绪万千，不知用怎样的言语来表达自己的心情。

至此，“分权”风波彻底烟消云散，毛泽东重新回到前委的工作岗位。朱、毛依旧是令国民党军闻风丧胆的最佳搭档，而红四军也在几位伟大领袖的领导下，在革命征程上创造了一个又一个不朽传奇。

红四军迎春："九大"召开

毛泽东复出后没多久就确定了 12 月份的主要工作：做好全军军政训练的同时，召开中共红四军"九大"，确立红四军的政治方向。此后，红四军各方面就开始展开各自工作。朱德与军参谋长朱云卿集中精力抓部队的军事训练；毛泽东与陈毅着重负责部队的政治教育，同时为即将召开的"九大"做准备工作。

毛泽东与陈毅对"九大"极为重视，为了开好此次会议，重振军中士气，肃整军队风气，他俩经常与将士召开座谈会，亲自去部队中走访进行调查。在这一系列工作中，毛泽东渐渐产生一种极深的忧虑，他意识到四军内部非无产阶级倾向简直到了"积重难返"的地步。个人主义、主观主义、游寇思想、极端民主化等，一个个错误的、片面的、暧昧不清的观点扰乱着军中将士的思想、信仰、斗志。

毛泽东想到中共中央"九月来信"中指出："前委必须加强指导机关的威信与一切非无产阶级意识作坚决的斗争！"他深感中央对问题的分析与解读的精准，更深刻地体会到"九大"的召开有着怎样重要的意义与作用。

从 12 月初开始，国民党军就不断对红军进行骚扰，起初是由瑞金向长汀进犯，等到 12 月中旬，闽粤赣"三省会剿"总指挥金汉鼎指挥的一个师，开始向连城一带进兵。朱、毛二人与陈毅等人决定留下红军第一纵队驻守新泉，警戒敌人，主力则向闽西根据地的腹地上杭县移动，以便顺利召开"九大"。

12 月 25 日，红四军主力到达上杭的古田。古田是个有着千余户人

家的山间盆地，四面山峰连绵耸立，地势险峻，易守难攻，是绝佳的驻军阵地。

12 月 28 日，红四军第九次党的代表大会在上杭县古田村的廖氏宗祠顺利召开。会议由毛泽东主持，陈毅担任大会秘书长，两人与朱德坐于会场主席台，台下与会的是来自红四军各纵队、大队的代表与闽西地方党代表，一百二十多人将会场坐得满满的。

◎古田会议旧址

会议开始后，陈毅就先将中共中央“九月来信”及相关文件中做出的指示传达给大家，紧接着由朱德代表前委作军事工作的报告。朱德做完报告，毛泽东代表前委作政治报告，这也是此次会议的重中之重。

毛泽东在会前起草了三万多字的《中国共产党第四军第九次代表大会决议案》。此篇决议案中的部分内容在后来以《关于纠正党内的错误思想》编入《毛泽东选集》。毛泽东在报告中将红四军党内各种非无产阶级思想表现总结为八个方面：主观主义、个人主义、绝对平均主义、流寇思想、单纯军事观点、极端民主化、非组织观点、盲动主义残余。他说：“各种非无产阶级的思想，对于执行党的正确路线，妨碍极大。若不彻底纠正，则中国伟大革命斗争给予红军第四军的任务，是必然负担不起来的。”

“九大”进行了两天，代表们围绕着毛泽东等人的报告进行了认真、热烈的讨论。12 月 29 日下午，大会遵循中央“九月来信”的九个方面精神，又结合红四军的实际具体情况，通过了《中国共产党红军第四军第九次代表大会决议案》。

红四军“九大”对于中国工农红军来说有着深远的影响与里程碑意义。“九大”的胜利召开，进一步奠定了新型人民军队政治建军的基础，同时也标志着毛泽东在红四军的政治领导中心已经牢固确立。就像毛泽东代表红四军前委向中央作出的报告中所写：“九次大会是四军党的第一幕重要的历史”、“从此会后自前委直到支部各级指挥机关的指导路线就改变过来了”、“关于政治的争论都已成了过去，大家都在九次大会一贯的路线下进行工作”。

属于中国工农红军的春天已经到来。

东方苏维埃定都瑞金

1930年初，包括兴国、于都、宁都、瑞金、安远、寻邬等县的赣西南根据地初步形成，同时红军独立二、三、四、五团和永新、莲花、宁冈等县赤卫队合编为红六军，黄公略任军长，刘士奇任政治委员。前委根据国民党军阀混战这一形势，决定部队分散行动，发动民众开展以分配土地为主的割据斗争，扩大红色区域。

毛泽东与朱德等人认为，在军阀混战的南方各省中，江西是最适合首先取得革命胜利的地区。前委很快与赣西特委取得联系。赣西特委将赣西南党内的政治上的纠纷告于红四军前委。以赣西临时苏维埃政府主席曾山的话是：“赣西南的问题，只有前委才能解决的了啊。”

1930年2月7日，红四军前委召集红四、红五、红六三军军委及特委齐聚一堂，召开联席会议，史称做“二七”会议。

会议由毛泽东主持，毛泽东根据中央精神，结合赣西南的斗争实际，制定了“一年争取江西首先胜利”的战略目标，并提出了实现战略目标的任务。战略目标与具体任务明确后，毛泽东针对赣西党内的实际问题进行了具体的分析与解决。

“二七”会议的最终结果是：确定赣西南党内今后的主要战略任务是深入土地革命，发展工农武装，扩大苏维埃区域；确定攻取吉安的目标；通过了《二七土地法》。同时，会议还决定将红四军前委扩大为统一指导军队和赣西南、闽西及湘赣边红区的领导中枢，建立新的前委。另外，湘赣边、赣西、赣南三个特委合并，建立中共赣西南临时特委。

“二七”会议的召开有着积极的意义，对于赣西割据区域的军事斗争有着重要促进作用。

会议结束后没多久，赣西南的红军主力聚集于吉安附近，欲组织十万工农攻打吉安。工农红军主力部队这一行动的暴露，引来国民党江西省政府主席鲁涤平派军向赣西进军，准备对红军发起进攻。国民党中素有“铁军”之称的唐云山的第十五旅，立功心切，迅速展开行动，向吉安福田一带急速逼近。毛泽东等人原本想要率军进抵中鹄，先攻打吉水县城，此时看到唐云山旅的迅速紧逼的态势，决定采取“敌变我变”的策略，改变攻打吉水的原计划，折回福田。毛泽东还制定出一条“诱敌深入”的计策，让红五军也从永阳退走，回驻永新，红军第一纵队和北路地方武装均放弃原计划，回师北路山区，将国民党军引到苏区腹地，利用自身的群众基础与地理优势，伺机歼灭进犯的国民党军。

相比红军方面的以退为进，巧设计谋，唐云山旅这边则是盲目自大，毫无危机意识。不出毛泽东所料，被自大冲昏头的唐云山率领自己的部队，大摇大摆地钻进了红军设下的圈套。2 月 25 日，红军与唐云山旅的战斗爆发，被围困在苏区腹地的唐云山的部队不熟悉当地情况，又过分低估红军战斗力，战斗到下午 6 时，敌军就已显颓态，仓皇逃跑，红军大获全胜。

至此，围在乐安、峡江、泰和等地的各路敌军不敢贸然进犯苏区腹地，赣西南红色区域态势一片大好。

与此同时，3 月 18 日至 24 日，在龙岩召开的闽西第一次工农兵代表大会，宣布成立闽西工农苏维埃政府，邓子恢任主席。包括龙岩、永定、上杭、武平、长汀、连城等县的闽西革命根据地初步形成。

1930 年 10 月 2 日，毛泽东、朱德在方面军总部签发了《进攻吉安的命令》，宣布“4 日拂晓总攻吉安城”。

吉安是赣西区域的中心城市，国民党军在城郊的各个山头上都修筑了各种军事工事，有着密不透风的军事防线。除此之外，吉安还有先天的地理屏障——赣江天堑。从 1929 年 5 月起，赣西的地方武装和工农群众曾先后八次围攻吉安，都以失败告终。可见攻克吉安的困难有多大。

10 月 4 日凌晨 4 时，第九次攻打吉安的战斗打响了。红军战士与十万余名赤卫队、武装群众与敌人展开激烈战斗。当太阳西沉，金色的余晖散满吉安大地的时候，曾经八攻不克的吉安城被攻克了。吉安城内外，响起一阵又一阵喜悦的欢呼声。

10 月 7 日，十几万军民齐聚中山广场，共同庆祝战斗的胜利。毛泽东代表总前委讲话，宣布成立省一级的中共江西省行动委员会和江西省苏维埃政府。至此，整个赣西南全部赤化，占有江西半壁的红色政权完全建立。

1930 年 10 月起，国民党针对红军在赣南闽西地区建立的红色政权，调集军队展开大规模的“围剿”行动。此类“围剿”相继进行了三次，均以红军的胜利告结，敌人的三次“围剿”非但没有达到剿灭

◎闽西第一次工农兵代表大会遗址

红军的目的，反而促成赣南、闽西红色政权连成一片。而中共中央也将建立中华苏维埃共和国的大事正式提上议程。

其实，成立一个与国民党南京政府对立的苏维埃国家政权，是中共中央一直在筹划的决策。从六届三中全会后，中共中央就一直在为建立苏维埃国家而展开行动，不过因为国民党的阻挠，以及苏区战事频繁，建国一事才迟迟没有进展，中华苏维埃共和国第一次全国代表大会也就无法召开。远在莫斯科的共产国际对于全苏“一大”和成立中华苏维埃国家政权的推迟，非常不悦，对中共中央下发了一个十四号通令，要求全苏“一大”要在“十月革命纪念节（公历 11 月 7 日）举行”。

此时，国民党军的第三次“围剿”也被红军击退。赣南闽西苏区已连成一片，稳定发展，一派欣欣向荣的景象，此时正是建立苏维埃政权，召开“一苏大”的好时机。

既然要建国，就要先确定“首都”设在哪里。1931 年 10 月 3 日，以毛泽东为代理书记的苏区中央局给上海党中央发去的一份长电的末尾有这样一段话：

> “红军目前急须休息、须训练，须补充，须筹款，须布置新战场，创造根据地。又因 11 月 7 日开全苏大会，中央局不能远离，遂于红军主力分布于石城、长汀、于都、会昌四县工作，总部及中央局在瑞金中居中指挥。”

这段话所表达出的意思是，考虑将瑞金作为“一苏大”召开的地点，也就是定都瑞金。这不只是毛泽东一个人的想法，中央代表团及朱德、项英也都将目光放在了瑞金。

瑞金位于江西省东南端，远离中心城市，又地扼赣、闽、粤三省接壤要地，东出八十华里便至福建长汀，往南西可由于都通往赣州，交通便利。当地物产也极为丰富，粮食作物自给自足。除了地理等外在优势外，瑞金当地的革命基础也很深厚。早在 1927 年 8 月，南昌起义部队曾经过此地，在当地建立了中共瑞金支部。该支部几年来不断发展壮大，建立了地方红军第二十四纵队。1931 年，更是实现了全县赤化。邓小平担任瑞金县委书记一职后，瑞金的土地分配、农业生产、地方武装等各项工作均取得了显著成绩，全县政局稳定，形势喜人。以此来看，瑞金是中华苏维埃共和国首都的最佳选择。

经过中央的商讨、研究，最终决定定都瑞金，并将瑞金更名为“瑞京”。

定都问题已经解决，接下来就是选定中华苏维埃共和国的中央政府主席的问题了。1931 年 2 月 20 日召开的中央政治局会议曾讨论过这

◎瑞金旧貌

个问题。当时有人提议由中共中央总书记向忠发担任，但遭到周恩来、张闻天等人的反对，原因是向忠发不在苏区，不适合担任苏区建立起来的政权的主席。最终，会议根据多方面的条件与要求，决定由毛泽东担任主席，张国焘和项英担任副主席。

1931 年 11 月 7 日下午 2 时，筹备了一年半的中华苏维埃第一次全国代表会议，终于在瑞金的叶坪村的谢氏宗祠举行。

这一天的谢氏宗祠被装扮得肃穆、庄严。祠堂内主席台正面墙上的正中间挂着红艳的镰刀铁锤旗帜，旗帜两旁分别贴着马克思与列宁的画像。祠堂内贴满了各种革命口号及标语。主席台两侧挂着一巨幅对联，上面写着：“学习过去苏维埃运动经验；建立布尔什维克的群众工作”，横批为“全世界无产者联合起来”。不过要说最具代表性的，

◎全苏“一大”会场旧址

还要说主席台前一块横匾上的八个大字：“工农堡垒，民主专政。”

此次参加大会的人员一共 610 人，不仅有赣南苏区、闽西苏区、赣东北、湘赣、湘鄂赣、湘鄂西、琼崖等苏区代表，还有白区的代表，海员的代表，国内朝鲜族、越南族代表等。大会主席团成员有：毛泽东、项英、任弼时、朱德、周以栗等 37 人。

会议在众人雷鸣般的掌声中正式拉开帷幕。项英首先代表大会主席团致开幕词。项英讲话总是有着家乡武汉的口音，这声音此时在祠堂内响起，仿佛多了一分庄严与神圣的气息：

> “全苏大会的成功，临时中央政府的建立，是继续苏联十月革命的胜利，在东方建立了第一个苏维埃共和国——世界第二个苏维埃共和国。她将领导中国千千万万的工农劳苦群众团结在她的周围，完成中国苏维埃的胜利；她将使东方无数万的被压迫工农劳苦群众在她影响之下与全世界无产者联合起来，完成全世界十月革命的胜利！”

项英振奋人心的开幕词结束后，任弼时走到主席台前，高声宣布说：“现在，请毛主席为大会题词。”

台下代表猛地一听“毛主席”都有些摸不着头脑，但很快，他们就领悟到，毛主席就是刚刚上任苏维埃共和国临时中央政府主席的毛泽东。顿时，大家向毛泽东报以热烈的掌声，“毛主席”的呼声此起彼伏。

毛泽东意气风发地走到前台状旁，提笔挥毫，写下题词：“苏维埃是工农劳苦群众自己管理自己生活的机关，是革命战争的组织者和领导者。”

“开国大典”于当天晚上 6 时半，以提灯晚会的形式举行。之所以选在夜晚进行，是为了防止国民党的空军轰炸，虽然大典举行得隐蔽，

◎叶平广场的红军阅兵检阅台

却因群众的积极参与布置，别有一番特色。

叶坪广场上灯火通明，毛泽东、朱德、项英、任弼时等大会主席团成员登上阅兵式检阅台坐定后，由大会执行主席朱德站到台前高声宣布："我宣布：中华苏维埃共和国临时中央政府，今天正式成立了！"

话音一落，广场上的锣鼓声、鞭炮声、欢呼声骤起，声音直冲云霄。在这一片喜庆的气氛中，毛泽东代表临时中央政府指挥升旗。五面代表着中华苏维埃共和国的红旗在人们的注视下，冉冉升起，迎风飘扬。

升旗仪式结束后，又进行了阅兵仪式、庆祝晚会……每一个参与其中的人都沉浸在无以比拟的喜悦之中，他们欢呼，他们舞蹈，过去的艰辛与未来的希望在此刻交织。这注定是一个不眠之夜，也注定将成为历史上有着极大意义的一天。

第二章

中央苏区的经典战役

中央苏区即中央革命根据地，是第二次国内革命时期全国最大的革命根据地，是全国苏维埃运动的中心区域，中华苏维埃共和国党、政、军首脑机关所在地。中央苏区的红军从红四军下山以来，与国民党军队进行了艰苦卓绝的斗争。红军战士们手里端着土枪土炮，甚至是大刀长矛，去对付兵力远多于自己，并且拥有飞机、大炮的国民党军队。但就是在这样的情况下，英勇的红军却一次又一次战胜了敌人。到长征以前，中央红军已发展到10万之众。

红军看似每一次都被逼入绝境，但又一次次奇迹般地存活下来……

红四军三打龙岩

风云突变，
军阀重开战。
洒向人间都是怨，
一枕黄粱再见。

红旗跃过汀江，
直下龙岩上杭。
收拾金瓯一片，

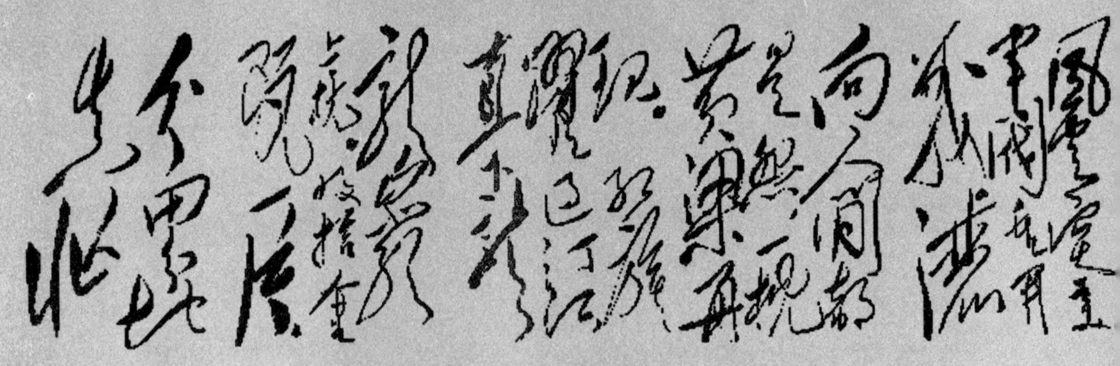

◎毛泽东《清平乐·蒋桂战争》手书

分田分地真忙。

——毛泽东《清平乐·蒋桂战争》

这是毛泽东写于1929年秋天的一首词。词的上阕描述了红四军三打龙岩之前，闽西军阀混战的局面，揭示出蒋桂战争给百姓带来的无穷无尽的灾难。下阕笔锋一转，生动地再现了工农红军进入闽西后，先后攻下龙岩、上杭的英姿勃发……

1929年5月，蒋桂战争即将结束。江西的国民党军队立即调转矛头，指向了刚刚在赣南创建起根据地的红四军，并集结了三个旅的兵力向赣州、泰和、临川、瑞金等地推进，企图在赣南歼灭红四军。相比于来势汹汹的敌人，红军无论从人数上还是武器装备上都处于绝对的劣势。红四军前委立即做出决定：不能坐以待毙，部队向闽西挺近，在当地开展游击战，创建新的根据地。

此时，福建军阀张贞已经把驻守在闽西龙岩的福建省防军第2混成旅团，调往广东潮汕，准备与桂系军阀作战。5月8日，红四军前委在瑞金召开会议，决定趁闽西兵力空虚，立即率部队向龙岩进军。

国民党得知这一消息之后，急忙命令江西的李文兵旅和福建省防军的卢新铭团前往汀江东岸进行堵截，企图从两岸同时夹击红四军，以达到歼灭红军的目的。

红四军怎能让敌人的计划得逞？5 月 21 日，红四军利用自己灵活、机动、隐秘的行动特点，甩掉了尾随其后的李文兵旅，突然出现在汀江水口，开始渡江东进。等到国民党军的两支部队到达汀江两岸的时候，红四军已经进入闽西，行至龙岩附近了。李文兵和卢新铭见红四军已经出了自己的防区，便哀叹一声，草草收兵了。

陈国辉的福建省防军第二混成旅团此前一直驻守在龙岩。接到参与广东作战的命令后，陈国辉便率领主力奔赴前线，只留下 500 人的部队驻防。一个营驻守在龙岩城外，旅部直属特务连和机枪连据守城区，全部由参谋处长庄凤骞统一指挥。

庄凤骞得知红四军已经到达龙岩城以西三十公里处，立即召集部下商讨应对之策。然而，第一补充营营长彭棠却迟迟不到，庄凤骞只得亲自发电催促，才把这位自命不凡的营长请了来。开会时，庄凤骞让各部加强警备，严加防范。彭棠仗着自己兵强马壮，又据守有利地势，竟嘲笑庄凤骞大惊小怪，胆小如鼠。没等会议结束，他便寻个借口，溜回家找老婆去了。

第 1 补充营驻扎在龙岩以西的龙门，可以说是整座龙岩城的西大门，位置十分重要。陈国辉出发前，曾对部下再三嘱咐，要“严密布防，互通声气，相互应援，尽职尽守”。可他没想到，这些叮嘱到了第一补充营营长彭棠那儿，全成了耳旁风。彭棠历来狂妄自负，对警卫工作从来都是应付了事，这一天也不例外。

5 月 23 日，红四军向龙岩城发起了进攻。酣睡中的彭棠被枪炮声震醒，这才意识到是红军打过来了。此时的彭棠不再是那副“老子谁也不买账”的嚣张样子，他连衣服都顾不上穿好，抄起手枪，一边大喊：“给我顶住！”一边拉着老婆一溜烟儿地往龙岩城跑去。士兵们见长官都逃跑了，谁还有心思打仗，都一窝蜂地往城里逃。

等他们跑到城门口，却发现吊桥高悬，城门紧闭。原来，龙岩城的守卫部队见后头是紧追而来的红军，也不顾自己人死活，立即收起吊桥，关闭城门，把所有人都拦在了外面。这下可急坏了城外的国民党军士兵，当真是叫天天不应，叫地地不灵，不多会儿便被追赶而至的红军击溃了。

解决掉溃兵之后，红四军便集中兵力向西门发起了进攻。不久，国民党守军在龙岩北门附近也发现了红军，双方交起火来。进攻北门的正是红四军第二纵队的战士们。他们占据有利地形，居高临下向敌人发起攻击，威力十分巨大。国民党军误以为进攻北门的是红军主力，连忙把特务连也调到北门进行防守。红四军主力趁机一举攻破了兵力薄弱的西门，进入龙岩城中。

北门的战斗此时正打得难解难分，异常激烈。国民党守军依靠优势兵力，正打得兴起，不想一回头，却发现城里各处都燃起了熊熊烈火，远处还传来了“司令部着火啦!”的叫喊声，瞬间军心大乱。南门的守军立时弃城而逃，西门和北门也相继失守。余下的国民党军士兵纷纷向东门逃去。红军一边巩固西、北、南三处城门，一边组织兵力向东门追击。

此时，刚刚逃出东门的国民党军士兵遇到了大麻烦。原来，东门外是一条大河，连接两岸的只有一座独木桥。这座桥十分狭窄，一次只能通过一个人，眼看红军就要追上来了，有些急于逃命的士兵，竟和自己人打了起来，有的在惊慌失措中失足掉进河里，越来越多的国民党军士兵在绝望中选择了投降。到23日中午，红四军占领了龙岩城。这次战斗共俘虏国民党士兵二百余人，缴获长短枪五百多支，国民党军余部撤退到永福。

彭棠逃到永福之后，立即向上司陈国辉发电求援。不久，彭棠又接到消息，说红军主力当天就撤出了龙岩城。彭棠经过侦查，得知红军确实已经撤出龙岩，正向永定、上杭等地进攻。他急忙召集余部三百余人，趁机重占龙岩。中共龙岩县委随即组织起当地的农民武装，在龙岩周围展开了游击战，彭棠被吓得整日躲在城中，不敢踏出城外半步。6 月 3 日，红四军第三纵队再次向龙岩发起攻击，可还没等双方交手，彭棠就望风而逃了。

红军两次攻占龙岩，这让身在广东的陈国辉十分惊慌。与此同时，陈国辉的舅舅陈荣亮也趁火打劫，以第二混成旅团代司令的名义调动军队。陈国辉得知后暴跳如雷，没等顶头上司张贞下达回防的命令，他便率主力部队向闽西回援。

红军得知这一情况后，第二次主动撤出龙岩。此时，卢新铭也把部队驻进白沙，企图与回援的陈国辉同时夹击红军。6 月 7 日，红军与卢新铭的部队在白沙激战，全歼了卢新铭一个团，缴获二百余支枪，紧接着又占领了上杭周围的旧县和南阳等地，基本肃清了龙岩周围的敌军，解决了后顾之忧。

陈国辉率部所到之处，红军便接连撤出。陈国辉的部队一路上都未遇到强有力的抵抗，不费吹灰之力，便接连收复了闽西的失地，这让他越发得意忘形起来。陈国辉一进入龙岩城，便开始大肆庆祝。国民党的报纸不断吹嘘陈国辉的“功绩”，他自己也常常把红军“不堪一击”的言辞挂在嘴上。

原来，这正是红军的使出的“上屋抽梯”计。两次撤出龙岩，其实都是为了引诱陈国辉“班师回朝”，到时再集中主力，彻底消灭他。朱德和毛泽东得知陈国辉已经回到龙岩之后，立即做出了奔袭龙岩的决定。

6 月 18 日，红军抵达龙岩以西的小池，作下了周密的战斗部署：第一纵队主攻南门；第二纵队沿大路进攻西门；第三纵队兵分两路，一路进攻北门，一路埋伏在东门之外，袭击出逃的敌军。由于红军封锁了消息，此时的陈国辉依然沉浸在周围的祝捷声中……

6 月 19 日凌晨，红四军开始向龙岩城进军。上午 9 时，各纵队抵达预设战场，战斗打响。不多时，红军便突入城内，与敌人展开了激烈的巷战。这次与红军交手的毕竟是敌人的主力部队，表现得十分顽强，他们利用城中的房屋作为防御工事，负隅顽抗，给红军造成了很大伤亡。这时，朱德军长下令："掏墙挖洞，坚决消灭敌人!"红军战士们随即拿起锄头，开始"打老鼠"，并很快把敌人压缩进几座大院里。这些国民党军士兵最终在绝望中缴械投降。到了下午，城中的大部分敌军都被红军歼灭，余下的国民党士兵开始向东门逃跑，红军又怎能让残敌漏网？随着嘹亮的冲锋号声，埋伏在东门外的红军战士们冲了出来，消灭了剩余的敌人。敌旅长陈国辉急忙吩咐卫兵找来老百姓的衣服，乔装成平民逃了出去。

红四军三打龙岩，共歼灭陈国辉部两千余人，俘虏营以上军官 9 人，缴获了大批军用物资。这场战役结束后，闽西各地的苏维埃政权都逐步建立起来，为日后创立闽西革命根据地奠定了基础。

红三军团攻克长沙

长沙自古以来就是南方的战略要地。此时，它既是湖南省会，又是作恶多端的湖南军阀何健的大本营。1927 年，何键策划了"马日事变"，提出"宁可错杀三千，不可放走一人"的反动政策，对共产党人和革命群众进行了大肆屠杀。这笔账，共产党人从来没有忘记。

1930 年 7 月 22 日，红三军团在平江召开了进攻长沙的誓师大会。战士们得知要攻打长沙，情绪异常高涨，纷纷高喊："打下长沙城，活捉何键，为烈士们报仇!"

国民党得知红三军团即将攻打长沙的消息后，决定先下手为强。为保住长沙城，国民党立即集结了四个旅的兵力，妄图攻占平江，一举歼灭红军。在师长刘建的指挥下，国民党摆开了一字长蛇阵向平江进发：部队分为三个梯队，各队中间间隔三四十公里。

红军侦察员立即把这一情况上报给指挥部。总指挥彭德怀随即作出战斗部署：利用敌人部队首尾不能相接的弱点，在平江公路两侧设下伏兵，依靠优势地形，打敌人一个措手不及。

7 月 23 日，红三军团在瓮江公路两侧设下“口袋”。刘建因为害怕被围歼，没有继续前进。24 日清晨，红军主动向行至晋坑的敌人发起了进攻。由何长工指挥的第八军率先展开战斗，他们从正面阻击敌人，背后就是滔滔江水。背水作战的战士们表现得异常勇敢，打退了敌人的几次进攻。此时，彭德怀率领第五军，采用迂回包抄的战术切断了国民党军的退路，并把敌人压缩进一条狭窄的山沟里。等到敌人的有生力量差不多被消耗殆尽之时，彭德怀下达了总攻的命令，红军战士们从两边冲出来，与敌人混战在一起。国民党军的第一梯队很快便被击溃。

这次战斗歼灭了国民党军近两个团的兵力，俘获敌团长侯鹏飞，并缴获了大批弹药，也让战士们攻克长沙的信心倍增。

红三军团初战告捷后，立即乘胜追击，向金井进发。第五军依旧是绕到敌人的左后方进行包抄。但这次的情况却与之前不同：何健的三个旅在金井东南一带构成了扇形阵地，向实行包抄任务的红军猛烈阻击。但红军战士们毫不畏惧地与敌人进行了殊死搏斗，最终占领了金井东面的七家冲大山，居高临下向敌人猛攻，直至摧毁国民党军的整个扇形防线。第五军的另一部此时则已经到达金井的以南的地区，控制了通往长沙必经的公路和桥梁，抄了敌人的后路。

第八军也与第五军同时展开了战斗。在何长工的带领下，第八军从敌人正面展开了进攻。第三纵队第二大队队长吴自立带领战士们一个猛冲，攻下了一个小山头，并以此作为火力点，掩护大部队向国民党防线进攻。在猛烈的火力支援下，第八军迅速占领了敌人的部分阵地。敌人立即展开了反扑，第三纵队队长何时达带头冲在最前面，带领部队与敌人浴血奋战。在激烈的战斗中，何时达不幸中弹，壮烈牺牲。战士们来不及擦干眼泪，他们一边高喊着：“为队长报仇！”一边冲向敌人的阵地……在战斗中，第八军还组织了一些特等射手，专打对方的军旗，这种瓦解敌人士气的心理战术果然十分见效，敌人军心大乱，加速了战斗的进程。

经过几个小时的恶战，红三军团击溃敌人的第二梯队，一鼓作气追至春华山，一并击溃了刘健的第三梯队。国民党的四个旅只剩下残兵败将，全线溃逃，撤回到长沙。

红三军团一连击溃了敌人的三个梯队，进军至长沙近郊的永安市。军团委随即在永安召开了紧急会议。在会上，红三军团的指挥员们分析了当前的局势：何键的主力部队正在桂林和张发奎作战，无法回援。而长沙的国民党守军，已经在与红三军才的作战中损失了两个多旅。此时还有战斗力的只有李觉率领的一个王牌旅。红三军团虽遭受了一定损失，但由于连战连胜，士气高涨。所以此时应迅速攻打长沙，为在“马日事变”中遭到屠杀的同志报仇！

与此同时，何键已经把自己的王牌旅部署在七里港、乌梅岭一带的工事里，形成了坚固的防御阵地，并亲自到前线视察督战。他一向不把年轻的红军放在眼里，如今更是在战前放话：“我长沙固若金汤，你们乖乖地来当俘虏吧！”

7 月 26 日，红三军团强行渡河，向长沙城猛扑而来。不多时，红军便突破了城外的数道防线，挥师直逼长沙城。下午，第五军在彭德怀的指挥下，率先向敌人的主阵地发起了进攻。敌人依靠坚固的防御工事拼死抵抗，战斗进行得异常激烈。

在这次攻城大战中，负责从敌人侧后迂回包抄的是第八军的战士们。何长工组织了一个三百余人的敢死队，找了几十条小船。船的前面用铁皮、沙子等材料搭成了一个坦克炮塔似的东西，作为机枪手射击时的掩体，战士们把它形象地称为“土坦克”。战斗打响后，第二纵队司令员谢振亚率领敢死队的战士们，驾着小船向对岸冲去。机枪手在船前进的过程中，一刻不停地向对岸的敌军猛烈扫射，打得国民党

军只能龟缩在防御工事中。第八军很快在敢死队的掩护下到达了对岸，他们一上岸就向敌人发起了猛烈的攻势。岸上的国民党守军仓促应战，不多会儿便人仰马翻，乱成一片。红军战士们趁机一个猛冲，占领了敌人的防御阵地。

夺取了侧面阵地之后，第八军便开始配合第五军，向敌人的主阵地发起了进攻。敌人受到两路红军的前后夹击，顿时慌乱起来，有些胆小的杂牌军队，竟然纷纷逃跑或投降。在上级领导的指示下，一些红军战士趁机换上国民党的军服，与逃跑的敌军一起混进了长沙城……

红三军团的主力部队与敌人展开了殊死搏斗，作战双方对一个山头、一个高地、甚至一寸土地，都进行了激烈的反复争夺。最终，红三军团还是夺取了敌人的主防御阵地，开始向长沙城内进攻。此时，

◎长沙烈士公园内烈士纪念碑

已经混进长沙城的红军，也开始配合大部队里应外合，很快突破了敌人剩余的几道防线，顺利突入长沙城。敌人见红军已经入城，吓得腿都软了，有的举手投降，有的仓皇逃窜，红三军团立即封锁了几个城门，乘胜向南追击。

7月27日凌晨，红军终于占领了长沙城。此次战役，红三军团三天追击50公里，以八千人的兵力战胜了三万有余的国民党军队，三战三捷、以弱胜强，夺取了湖南省的省会，端了何健的老窝。这对于年轻的红军来说，实在是个不小的胜利。

天兵怒气冲霄汉——第一次反“围剿”

1930年10月，蒋介石在与冯玉祥、阎锡山等军阀的中原大战中基本取得了胜利。随后，他立即抽调兵力，准备对中央苏区进行第一次大“围剿”，企图在半年内消灭红军。蒋介石先派何应钦策划此次行动，紧接着又亲自前往江西南昌部署兵力，可谓是费尽心思。

国民党此次总共派出了11个师、3个旅和3个航空队，用了将近十万人的部队“围剿”中央革命根据地。而此时的中央红军，只有不足四万人的兵力，他们要手持土枪土炮，甚至大刀长矛，去对付装备有飞机、大炮的国民党大军……

红军得知了这一情况后，总前委立即召开了紧急会议。毛泽东在会议上指出：实施战略退却，实际上就是诱敌深入。这是在敌强我弱的战争中，红军在初始阶段必然要采取的惯常办法，目的是为了寻找战机，准备反攻。这是在不能迅速战胜强大敌军的情况下，采取的有计划的战略步骤。而且，把敌人放进根据地之后，更有利于消灭敌人。红军熟悉地形，又有人民的拥护，而敌人则反之，再加上后勤供应不到位和红军的不断袭扰，敌人的战斗力一定会大大减弱。到时，红军

就可以伺机消灭敌人，这就叫做“将欲取之，必先予之”。

毛泽东的这番话点醒了众多的与会者，他指出了敌我双方的形势和战胜敌人的方法，使众人不得不佩服他的战略远见。自此，“诱敌深入赤色区域，待其疲惫而歼灭”的方针获得一致通过。

11 月初，国民党军队迅速向中央苏区扑来。为了寻找红军主力决战，国民党军各部协同作战，摆开了八百里长的战线，呈弧形向红军围攻而来。此时，红一方面军四万人主力部队已经东渡赣江，撤往樟树、永丰一带，让进攻赣江西岸的敌人扑了个空。

红军主力紧接着退入根据地中部。等敌人到达东固，准备围攻时，才发现红军早已退出。12 月 1 日，红军主力撤退至黄陂、小布一带，准备寻找战机、消灭敌人。为了达到迷惑敌人的目的，红军派出少量兵力配合地方武装，一边阻击敌人，一边撤退。这种作战通常比较分散，他们有时故意在退路上扔下草鞋、军锅、饭菜，装作狼狈溃退的样子，有时又主动出击袭扰敌人。敌人的兵力在红军的诱击下，不断被分散。由于红军小股部队的不断袭扰，国民党军疲态尽显，三番五次地扑空也让他们放松了警惕，其弱点开始逐渐暴露出来。红军由防御转为反攻的条件正在逐渐形成。根据地虽然缩小了，主动权却回到了红军的手里！

在国民党的这次“围剿”中，唱主角的是张辉瓒的第十八师和谭道源的第五十师。红一方面军在黄陂召开的总前委扩大会议中决定：首先打掉这两个师，从中间突破敌人的八百里战线，把敌人截成两段，然后再各个击破。

12 月 25 日，红一方面军为了鼓舞士气，在小布召开了军民反“围剿”誓师大会。毛泽东主持了这次会议，并亲自撰写一副对联挂在主席台两侧的柱子上，右侧是“敌进我退，敌驻我扰，敌疲我打，敌退我追，游击战里操胜算”，左侧则是“大步进退，诱敌深入，集中兵力，各个击破，运动战中歼敌人”。上联道出了游击战的精髓，而下联

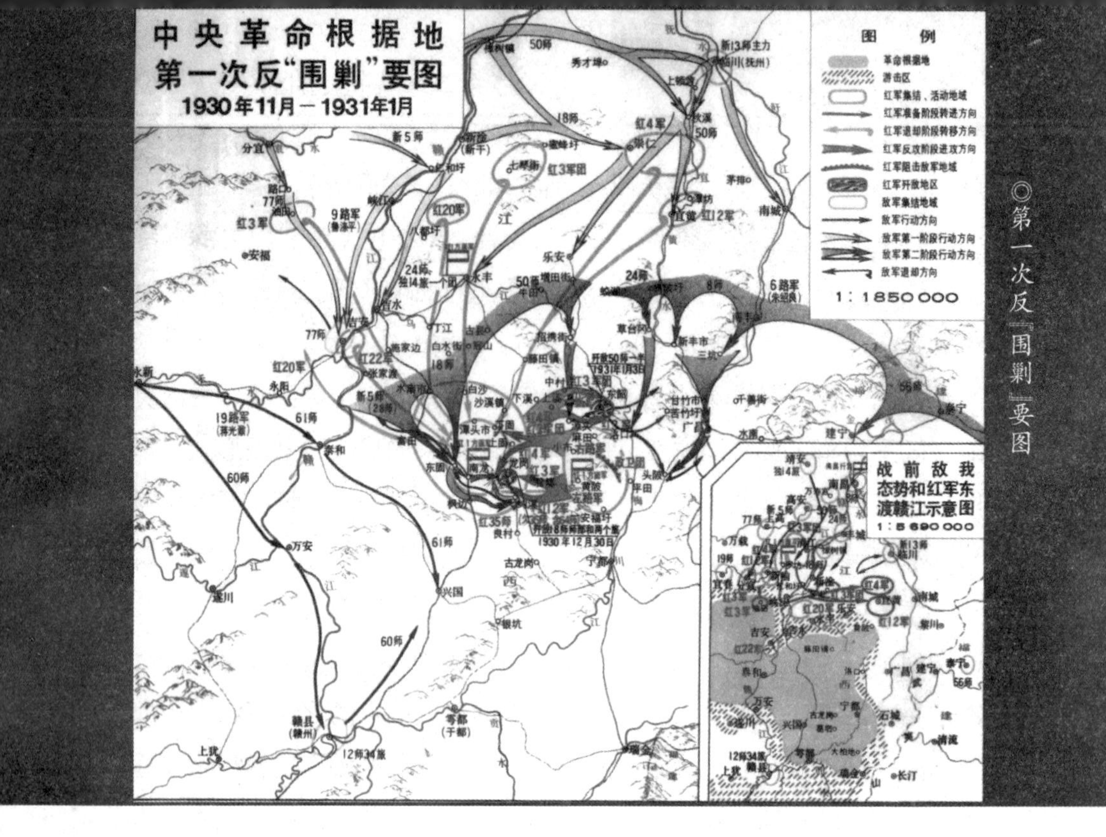

◎第一次反"围剿"要图

则阐述了运动战的战术。毛泽东的整个对联，绝妙地概括了红军反"围剿"的战略方针。

此时，谭道源已经率领部队进入源头。誓师大会结束后，红军主力便在通往源头的道路附近选择有利地形，设下了埋伏，静待谭道源入瓮。然而，部队一连等了两天都不见谭道源的大军。原来，是一个反革命分子从根据地逃出去向敌人告了密，说红军已经在前方的道路上设下了埋伏。谭道源得知后吓了一跳，急忙命令部队停止前进。

由于谭道源始终固守不出，红军这次的歼敌计划没能成功。不过，另一个机会却悄然而至，由张辉瓒指挥的第十八师正直逼龙冈而来。红军总部立即做出决定：转移打击目标，集中兵力，先歼灭张辉瓒部。

张辉瓒诨名"赃瘟神"，是第九路军总指挥鲁涤平手下的"得力干将"。他所指挥的第十八师人员充足，装备精良，是鲁涤平手下最能打仗的部队，号称"铁军师"。张辉瓒一向狂妄自大，他既看不起国民党其他部队，又极为轻视红军。再加上这次红军故意节节败退，引诱他孤军深入，他更觉得红军不堪一击。

然而张辉瓒不知道，此时红军已经为他布下了天罗地网。12 月 20 日，张辉瓒到达东固，他在浓雾之中，下令发动进攻。等到浓雾散开，他才发现自己打的不是红军，而是公秉藩的新编第五师，此时已经是开战四小时以后了……

原来，公秉藩在 12 月 19 日率先抢占了没有驻兵的东固。之后。他立即向蒋介石报告，说自己在东固击溃了红军一部，狠狠吹嘘了一番。蒋介石竟然赏了他一万银洋，还把他的新编第五师改为正式的二十八师。因此，公秉藩在遭到张辉瓒的攻击后，便以为是张辉瓒嫉妒他，故意找茬。公秉藩明白跟张辉瓒斗气，不会有什么好果子吃，于是马上带着部队撤离了东固。

公秉藩这一走不要紧，张辉瓒结结实实地当了一回孤军。他不得不选择分兵“进剿”，留下一个旅守卫东固，然后自己率领部队向龙冈挺近。12 月 29 日。张辉瓒的九千余人到达龙岗，红军正在这里等着他!

12 月 30 日，黄竹岭后面的小别山上，毛泽东头戴八角帽，身穿灰布军装，与朱德并肩站在临时设立的指挥所里分析战况。连日不断的工作没让毛泽东显露疲态，他笑着对朱德说：“三国时诸葛亮借东风大破曹操，今天，我们要借浓雾大破张辉瓒!”

此时，红三军已经在黄公略的率领下抢占了黄竹岭前方的阵地。红十二军负责截断从龙冈通往东固的大道，使张辉瓒无法与留守东固的敌人取得联系。彭德怀率领红三军团，林彪率领红四军从西北向龙冈前进，只等张辉瓒自投罗网。

上午 7 时，张辉瓒率师部和两个旅从龙冈出发，并命令戴岳的第五十二旅进军五门岭。当第五十二旅进入红军的预设战场时，负责阻击任务的红三军第七师突然冲了出来，打了敌人一个措手不及。敌人的先头部队很快被歼灭，戴岳立即向张辉瓒报告了情况。张辉瓒认为这只是小股红军或游击队在虚张声势，短时间内就会撤退。他指责戴岳大惊小怪，胆小如鼠，命令他强行突围，继续前进。戴岳立即指挥第五十二旅对红军的阵地展开猛攻。在敌人优势火力的攻击下，第七师的战士们坚守阵地，表现得非常顽强。此时，红三军军长黄公略也调集第八师和第九师从敌人侧面展开了攻击。戴岳的部队渐渐没了还手之力，他急忙向张辉瓒求救。张辉瓒此时才意识到事态的严重性，急忙派出一个团的兵力前去增援，但不久便狼狈退出，死伤大半。

此时，张辉瓒如梦方醒，意识到这并不是什么游击队，而是红军的主力部队！他急令第五十三旅抢占龙冈西南的万功山，掩护师部撤退。不过，这个命令下晚了。红十二军已经抢先占领了万功山，居高临下向敌人开火，第五十三旅只能被动挨打。

下午3时，红军的大部分兵力从四面向敌人合围而来，张辉瓒已经是插翅难飞。红军的“口袋”不断缩紧，眼看就要围歼敌人。张辉瓒急得像热锅上的蚂蚁，不断向外请求增援。然而公秉藩师和留守东固的朱耀华旅都离他太远了，张辉瓒心里已经明白，自己这次是在劫难逃。

下午4时，红军总部发出了总攻的命令。在红军的围攻下，敌人全线崩溃。肥头大耳的张辉瓒急忙换上一件普通士兵的棉衣，向山上爬去。士兵们见指挥官都跑了，谁还肯接着打？随即也四散而逃。张辉瓒的警卫营营长在平江起义之前，曾经是黄公略的部下，他见大势已去，便率领部队向黄公略缴械投诚。至此，张辉瓒九千余人的部队全军覆灭。

张辉瓒后来被红军从一个土坑里找到。张辉瓒一开始坚持说自己是师部的一个小“书记官”，但那身瘦小的军服实在是包不住他的大肚子，况且他还穿着师长的皮靴……

毛泽东为纪念龙冈战斗的胜利，写下了《渔家傲·反第一次大“围剿”》的前半阙：

◎张辉瓒，湖南省长沙县人，字石侯。1930年任陆军第18师中将师长，参加对中央苏区的第一次『围剿』，任中路右纵前线总指挥，率第18、50师进攻红军。12月30日，在江西吉安龙冈被红军活捉。

万木霜天红烂漫，
天兵怒气冲霄汉。
雾满龙冈千嶂暗，
齐声唤，
前头捉了张辉瓒。

此后，红军又一鼓作气消灭了谭道源大部。经过两次战斗，剩下的很多敌军都望风而逃，国民党的围攻线很快全盘崩溃。经过两个多月的作战，红军终于取得了第一次反“围剿”的胜利。

在第一次反“围剿”中，红军共毙敌一万五千余人，缴获各种武器一万二千余件。值得一提的是，红军在这次反“围剿”中，缴获了敌人的无线电台，建立了自己的通信队伍，不仅可以在红军内部进行联络，还可以截获敌人的电报，掌握敌人的动向。这种获得对方情报的方法，在之后的几次反“围剿”作战中起到了重要的作用。

横扫千军如卷席——第二次反“围剿”

第一次“围剿”的失败，让蒋介石意识到事态的严重性。为了彻底消灭红军，他开始计划发动对中央苏区的第二次“围剿”。蒋介石再次派何应钦前往江西组建“南昌行营”，并任命他为代总司令。这次，除了参与第一次“围剿”的主力部队，一些杂牌军也被蒋介石调进了赣南，参与作战。参加第二次“围剿”的国民党军部队共四个军，其中包含十四个师和一个独立旅，共计二十余万人。蒋介石这次可是下了血本，誓要在三个月内消灭红军。而即将被“围剿”的红一方面军，此时只有四万人的兵力，双方战前兵力对比是 5∶1。面对比第一次“围剿”更加严峻的形势，红军又将何去何从？

从 1931 年 1 月 18 日开始，红军总部就发出了筹款筹粮的命令，要求各部队以最大力量筹足三个月的给养，准备应对敌人的下一次“围剿”。红军各部接到命令后，立即分头行头，积极筹措粮款。另外，红军还动员、组织人民群众实行坚壁清野，让国民党进入苏区后得不到任何物资。

为领导地方武装进行游击战，红军建立了东、西、南、北、中五个指挥所，并划分出十个游击区，分别下达了作战任务。要求各部队以“化整为零”、“化零为整”的多种作战方式，在苏区广泛开展游击战，已达到消耗敌人的目的。

1931 年 4 月 1 日，国民党展开了全线进攻，向江西宁都围攻而来，企图在闽西地区与红军决战。

蒋介石受第一次“围剿”失败的影响，改变了战术。他认为之前的失利是由于“兵力之不足，包围之未严，而部队急进亦一主因也”，因此不再采取“长驱直入，分进合击”的作战方针，转而实行“稳扎稳打，步步为营，紧缩包围”的战法。蒋介石规定：侦察部队必须在大部队行动前一天探好路，部队每天只前进 5～20 里，每到一处，就要立即修建防御工事，保证一步步把包围圈缩小。另外蒋介石还对根据地实行了经济封锁，派重兵把守通往中央苏区的公路和水路，禁止一切物资进入根据地。

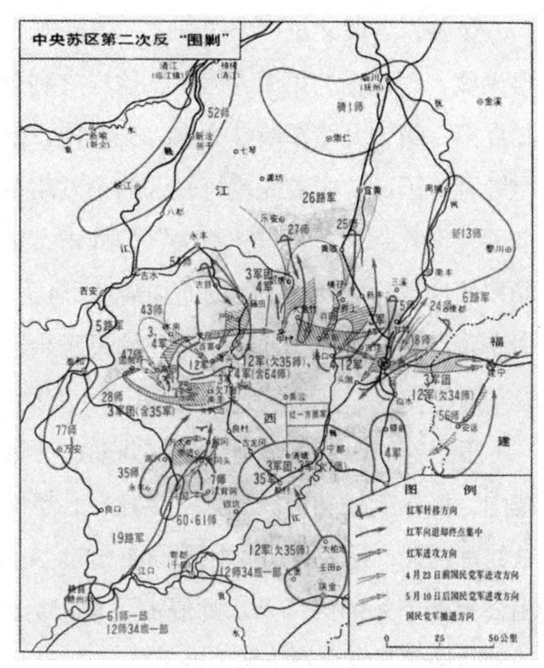

◎第二次反“围剿”要图

4 月，红一方面军领导在青塘召开了苏区中央局扩大会议。会议先是讨论了反“围剿”的战略方针问题，受王明“左”倾教条主义影响的中央代表团成员认为：敌人的包围圈很紧，红军不可能粉碎敌人的“围剿”。因此应该“分兵退敌”，甚至主张在必要时，抛弃旧的根据地，退出江西，到四川去建立新的苏区。

这时，参加过第一次反“围剿”的红军领导站了出来。他们在会议上介绍了红军第一次反“围剿”胜利的经验，客观分析了双方的形势：敌人的兵力虽然多，但军阀之间矛盾重重，而且缺乏群众基础；而红军则恰恰相反，占据了足以打败敌人的诸多优势。他们主张应该依靠根据地的广大人民群众，坚持反“围剿”斗争。最终，毛泽东提出的“战略退却、诱敌深入”的正确的战略方针被采纳，为第二次反“围剿”的胜利奠定了基础。

接着，会议又对“怎样歼敌”的问题展开了讨论。有人主张先打蒋光鼐、蔡廷锴的第十九路军，这样有利于红军打开出路。但毛泽东却提出：第十九路军战斗力强，先打他，就是先啃硬骨头，不容易取得胜利。因此，应首先攻打较弱的第五路军，然后由西向东横扫，采取“凭你几路来，我只一路去”的战术，集中兵力各个击破敌人。毛泽东的这番分析说服了在场的与会者。4 月 19 日，红军总部下达作战命令：“决心以极迅速行动首先消灭王金钰敌军，转向敌人攻围线后方与敌军作战，务期各个消灭敌军。”

王金钰的第五路军刚从北方调来，士兵对南方水土不服，且不惯爬山，极影响战斗力。而且王金钰一心想保存自己的实力，十分害怕被红军歼灭，是四路大军中最弱的一支。4 月 7 日，王金钰的右路——由公秉藩率领的第二十八师侵占了富田。公秉藩果然极怕遭到袭击，一到驻地便开始大修防御工事。

此时，红军已经来到东固山区隐蔽集结，以图寻找战机，消灭敌人。此地距离南、西、北三面的敌人都只有 20～50 里，红军就在敌人的“牛角”中隐伏下来。东固山区地势险要，给养十分困难，粮食供应紧张，战士们一天只能吃两顿饭，有时甚至要上山挖野菜充饥。就是在如此困难的情况下，红军战士们一直坚持了 25 天，终于等来了战机。

王金钰、公秉藩虽然害怕被消灭，不敢冒进。但总指挥何应钦却急得要死，他下令要求各部队加快进攻速度，以求在召开国民会议之前，完全消灭红一方面军。红军得到消息后，立即做出了战斗部署：红三军为中路军，沿大道设下埋伏，袭击公秉藩的第二十八师。红四军、红十二军为右路军抢占九寸岭和观音崖，阻击上官云相的第四十七师。第三军团为左路，从敌人的后方阵地富田进行包抄，切断敌人的退路。

红三军军长黄公略接到命令后，立即查看地图。他发现：按照公秉藩的行军路线，敌人会比红三军先到达将军帽高地，这对红军的作

◎黄公略（1898年—1931年），1898年1月24日生于湖南湘乡兴让乡高木冲。红军早期高级将领，红军军长1931年，蒋介石亲自督阵，带领30万大军，向中央苏区发动了第三次『围剿』，黄公略在此役中不幸牺牲。

战行动十分不利。这时，毛泽东及时赶到红三军指挥所，与黄公略一起研究行动计划。最后两人找到一个老乡，让他指出了一条更近的行军路线。红三军立即连夜向东固岭进军，终于抢在公秉藩之前，占领了将军帽附近的几个制高点。

5月16日早晨，公秉藩率领师直属部队出发了。一千多人的队伍拉了足足有五六里长，走得稀稀拉拉，毫无纪律可言。这些从北方来的士兵果然极不擅长走山路，没过多久就累得气喘吁吁，呼哧带喘。

上午10点，公秉藩的第二十八师终于进入了红三军的包围圈，黄公略立即下达了攻击命令。红军战士们从山上直冲下来，迅速截断了敌人的长队。公秉藩对红军的奇袭毫无防备，被打得晕头转向，敌军士兵的尸体迅速布满了道路两旁。公秉藩此时才回过神来，急忙呼叫援军，并指示第二十八师剩下的两个旅迅速向他靠拢，支援师直属部队突围。可让他没想到的是，此时红军的第三军团已经从后方包抄，攻占了富田，缴获了粮食、弹药等大批军用物资。公秉藩的呼救为时已晚……

到了下午3点，公秉藩的师直属部队已被红三军歼灭。第二十八师的副师长和旅长全部战死，公秉藩在卫队的护卫下逃出了红三军的包围圈，然而还没等他跑出根据地，就被苏区的地方武装抓获。狡猾的公秉藩混在国民党士兵里，利用红军优待战俘的政策，领了一块大洋作为路费，才得以逃回吉安。

红四军和红十二军也与上官云相的第四十七师进行了激烈的交战。敌人开始占领了两个制高点，居高临下，向红军展开攻击。红军立即对这两个高地展开了强攻。战斗中，红四军政委罗瑞卿腮部被子弹打穿，鲜血顺着脸颊留下来，染红了整个肩膀，但他不肯下去治疗，依然留在第一线指挥部队。经过一场恶战，红军终于拿下了这两个制高点，最终取得了战斗的胜利。

红军总司令部在向白云山行进时，突然遭遇到一路敌人，朱德总司令急忙指挥警卫队迎战，毛泽东也率领总部人员下山，与朱德汇合在一起，两路人马一起向敌人猛冲。经过一小时的激战，总指挥部伤亡越来越大，子弹也即将消耗殆尽，而敌人却越来越多。就在这个紧急关头，红军主力部队消灭完敌人后及时赶到，一举歼灭了这路敌军，解救了红军总指挥部。

红军在第二次反“围剿”中初战告捷，让围攻线上的敌人均产生了惧意，鼓舞了全体红军指战员和根据地的广大人民群众，坚定了人们反“围剿”胜利的决心。此后，红军按照各个击破的办法，开始由西向东迅速推进。

第二次反“围剿”从5月16日开始，到30日结束，在这半个月里，红军连续打了5个胜仗，歼敌三万余人，由西向东横扫700里，势如破竹、锐不可当，彻底粉碎了蒋介石的第二次“围剿”。这才有了毛泽东诗词中“横扫千军如卷席”一句。

白云山头云欲立，

白云山下呼声急，

枯木朽株齐努力。
枪林逼，
飞将军自重霄入。
七百里驱十五日，
赣水苍茫闽山碧，
横扫千军如卷席。
有人泣，
为营步步嗟何及！

——毛泽东《渔家傲·反第二次大“围剿”》

千里回师败蒋军——第三次反“围剿”

前两次反“围剿”的失败，让蒋介石气急败坏。第二次“围剿”结束不到一个月，蒋介石就再次调集大军，准备对红军展开第三次“围剿”。这次，蒋介石调用了18个师和两个独立旅，组成了4个师团，共计30万人的大军。此外，他还动用了5个航空队，协同作战。蒋介石吸取了第二次“围剿”失败的教训，不再动用杂牌军，而是豁出自家的老本，动用自己的嫡系部队作为“围剿”的主力，并亲自出任“围剿”军的总司令。

1931年6月21日，蒋介石亲自前往南昌改组“南昌行营”，部署军事行动，发誓：“这次‘围剿’如不获胜，死也不回南京！”为了第三次“围剿”的成功，他还专门聘请了德、日、英等国家的军事顾问帮他出谋划策。国民党“围剿”军的所有兵力都被蒋介石布置在中央苏区的北面，部队分成左右两翼，一路向南，一路向西，分别进发。

这回，蒋介石把前两次“围剿”所使用的“分进合击”和“步步为营”的战术全部摒弃，转而实行起“厚集兵力，分路围剿”的作战方针。他认为，红军刚刚打退了两次“围剿”，部队还没能得到充分休整。因此，要充分利用这个时机，集中兵力袭击中央苏区。蒋介石再次放出话来：要在 3 个月内彻底消灭红军。

1931 年 7 月 1 日，国民党“围剿”军开始向宁都全线进攻。“围剿”展开后，国民党军气势汹汹地向南侵犯，迅速占领了兴国、富田等地，此后继续向东固、龙冈、小布一带推进。

此时，毛泽东和朱德正带领红一方面军在闽西和闽赣边界地区开展工作。7 月 5 日，红军总部收到赣南红军发出的急电，才得知敌人已经发动了大规模“围剿”，正向根据地急袭而来。这样的情况让红军总部始料未及。

红一方面军立即召开紧急会议。会上，毛泽东、朱德等人冷静地分析了目前的局势，决定千里回师，把主力集中在兴国地区，以“诱敌深入、避敌主力、打其虚弱、乘退追歼”的作战方针应对敌军的突袭，并坚持发动地方武装，以游击战的形式消耗敌人。

正所谓“兵贵神速”，回师的命令下达后，部队立即出发。此时正是炎热的夏天，粮食供应又不充足，战士们经常只能吃稀饭，饿的时候就拿野菜充饥。红军指战员忍饥挨饿，还要背着行军装备在烈日下奔跑。10 天后，战士们终于靠着自己的“铁脚板”，行军一千多里，完成了这次千里回师。

红军经过这次千里回师的战略行动，避开了敌人的锋芒，保存了自己的实力。红军总部再次召开会议，确定了下一步作战计划：诱使敌人的主力深入赣南，让他们扑空。而红军则由兴国向富田突破，寻找战机，各个击破敌人。

7 月下旬，红军主力从国民党军赵观涛师和卫立煌师的间隙穿过，避开了敌人的主力，向富田挺近。此时，红军从俘获的两名敌军侦察员口中得知，国民党的飞机侦察到了红军的行动，蒋介石已经派出陈

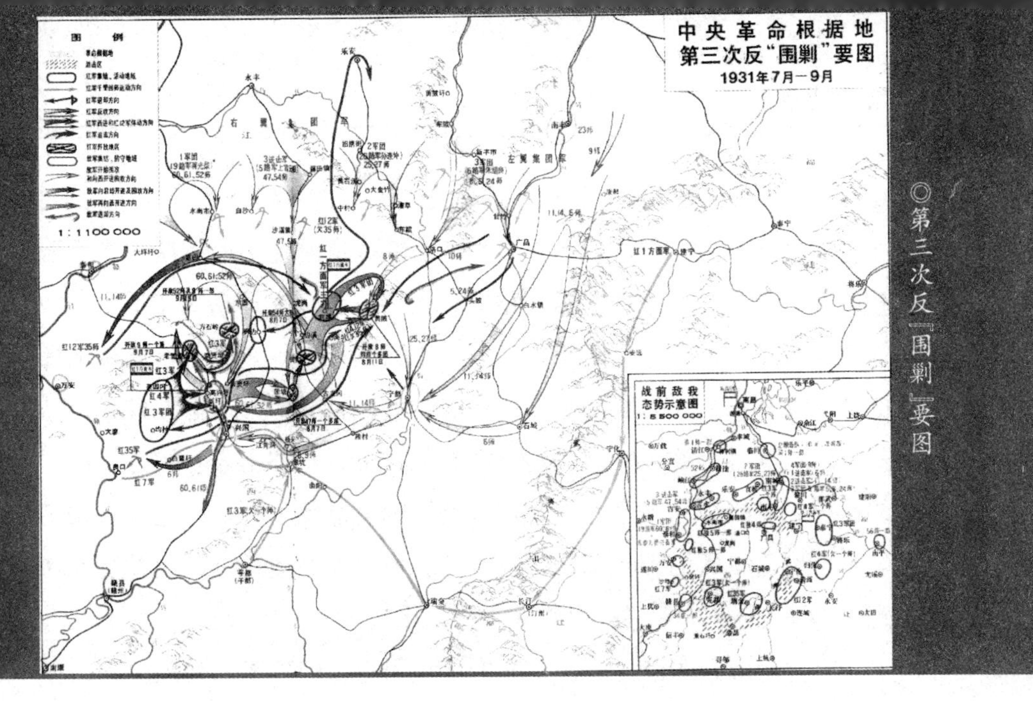

◎第三次反『围剿』要图

诚和罗卓英的两个主力师来到富田，准备与红军决战。毛泽东和朱德立即作出决定，率红军主力折回高兴圩一带的山区伪装隐蔽，并命令肖克的独立第五师协同地方武装，在北面诱击敌人。

不久，红军总部电台侦听到了何应钦发出的一份密电，其中有“围剿”军详细的兵力部署情况。毛泽东和朱德根据这一情报，确定了红军的下一步行动：从敌人的中间突破，向黄陂挺近，绕到敌人的背后。先打上官云相，二打郝梦玲，三打毛炳文。为了迷惑“围剿”军，红军总部命令红十二军第三十五师与地方红军大张旗鼓地向西运动，佯装红军主力，引诱敌人追击。

为了不让敌人侦察到红军的行动，部队决定在夜间行动。战士们把所有能发光的东西都藏起来，或者用烟熏黑，白马也穿上了伪装服。一切能发出声音的用具都用布包好，马嘴也被塞紧，一路上不设任何路标，只是在每个战士的左臂扎上白毛巾作识别。

经过一夜的急行军，红军停止前进，在山林中隐蔽了下来，就连国民党的侦察机也没有发现任何情况。两夜过后，红军到达莲塘地区，绕到了敌人的后方。

与此同时，上官云相一个旅的先遣部队也已经接近莲塘。上官云相的部队原本是王金钰的第五路军，由于王金钰在第二次“围剿”中被红军大败，被蒋介石罢了官，改由上官云相接任。由上官云相指挥的郝梦龄师，从永丰县向滕田挺进时，发现所有的大道都被破坏，寸步难行，而且沿途不断遭到地方武装的袭击，一路上苦不堪言。这样的情况一直持续了半个月，把郝梦龄折腾得筋疲力尽。可上官云相却仗着与自己相邻的部队都是兵强马壮，可以左右逢源，因此并没有在意这些情况，只是命令部队慢慢前进。

上官云相到达良村后，立即构筑坚固的防御工事，并派出兵力在良村附近警戒，接着又派郝梦龄师向兴国方向搜索前进。此时，红军已经在莲塘附近的险要地段上设下了埋伏。上官云相还不知道，自己马上就要成为红军的瓮中之鳖了！

8 月 6 日傍晚，上官云相的先遣部队——谭子钧旅进入了红军的伏击圈。战斗打响后，谭子钧旅很快就被红军包围，上官云相立即又派出一个多旅的兵力前去解围，没想到遭到了红军阻击部队的迎头痛击，全部被打了回来。7 日早晨，红军向谭子钧旅发起了总攻，只用了几个小时就全歼了敌人，至上午 9 时，战斗结束。

上官云相在莲塘损兵折将，急忙命令郝梦龄师回援。7 日下午，郝梦龄赶回良村。红军早已有所准备，莲塘的战斗一结束，红一军团立即奉命进攻良村，把上官云相和郝梦龄全部包围起来。总攻开始后，上官云相和郝梦龄急忙向北突围，逃向龙冈。红军只用了两个小时，就围歼了郝梦龄师大部。

红军在一天之中连打两仗，歼灭一千余人，俘虏三千五百余人，并缴获了大量武器装备。红军战士们顾不上连续战斗的疲累，他们的下一个目标是黄陂的毛炳文。经过三天的长途奔袭，红军赶到黄陂，并迅速包围了毛炳文。

8 月 11 日中午，红四军和红十二军向黄陂发动了总攻，红三军团和红七军负责断敌退路。不久，红军就占领了黄陂外围的制高点罗山寨，居高临下，向毛炳文师发起了猛烈的攻击。经过两小时的激战，红军全歼了毛炳文的四个团，占领了黄陂。值得一提的是，敌军的两个预备团刚刚集合完毕，还没来得及出发，就被随后赶到的红军包围起来，最后只得缴械投降。

红一方面军从 8 月 7 日到 11 日，连续 5 天作战，三战三捷。而在此之前，蒋介石一直在他的“南昌行营”里，指挥“围剿”军追击佯装红军主力的红三十五军和红十二军第三十五师。直到上官云相被红军大败，蒋介石才知道自己上了当，这就叫做“兵不厌诈”。

8 月 9 日，蒋介石急忙命令所有西进部队调头，向东追击红军，企图对阵红军主力，进行决战。12 日，“围剿”军主力部队呈包围态势，纷纷向红军攻来。红军领导再次召开会议，冷静地分析了目前的态势，最终决定向西突围，与敌人面对面穿插！这可是一着险棋，要知道，敌军两支部队中间，只有十公里的间隙，要想不被敌军发现，实在太困难了。夜幕降临后，红军的三万部队出发了，战士们甚至能看到两侧敌军的手电筒发出的光线。红军的主力部队就这样在敌人的眼皮底下穿了过去。

与此同时，红十二军的两千多人也开始向东出发。没错，他们的任务就是佯装红军主力部队，吸引敌军。他们走走停停，一直与“围剿”军保持一定的距离。每到一处都留下大批人马过境的痕迹，敌军果然上当，一路紧追不舍。这样一直持续了半个月，在几次合围扑空之后，“围剿”军才意识到：自己又上当了。此时的“围剿”军已经被折腾的筋疲力尽，哪还有打仗的力气？

蒋介石的爱将们也气得无奈感叹：“共产党神出鬼没，老百姓的游击战，让蒋委员长极为棘手！”国民党一个旅的参谋长形容自己的部队是“肥的拖瘦，瘦的拖死”。蒋介石在这种情况下，只得把“围剿”

军全部撤了回来。他自己也没能遵守“不消灭红军不回南京”的豪言壮语……

蒋介石回到了南京，红军也开始准备反攻。在得知“围剿”军正在全线撤退之后，红军乘胜追击，扩大战果，先后击溃了蒋鼎文的第9师、蒋光鼐和蔡廷锴的第十九路军等。

红军最终在为期3个月的第三次反“围剿”中，击溃了国民党军7个师，歼灭了17个团。红一方面军再次取得了第三次反“围剿”的胜利。

首创大兵团山地伏击战——第四次反“围剿”

第四次反“围剿”，是红军战争史上以少胜多的一个奇迹。在这次战役中，中央红军以七万人的兵力打退了40万国民党大军。而这次反“围剿”中的黄陂大捷，更是首创了红军大兵团山地伏击战的战例。

“九一八”事变发生后，蒋介石置中华民族危亡于不顾，提出“攘外必先安内”，依然坚持反共政策。1932年5月和6月，蒋介石两次在庐山召开“剿匪”会议，并成立了由他自己领导的“鄂豫皖三省剿匪总司令部”和委任何应钦领导的“赣粤闽边区剿匪总司令部”，专门用来指挥“围剿”鄂豫皖根据地和中央革命根据地。

1932年10月，蒋介石不顾日本对东北三省的大肆侵略，对鄂豫皖、湘鄂西革命根据地发动进攻，迫使红四方面军和湘鄂西的红军分别撤出了革命根据地。蒋介石终于实现了他的第一步“围剿”计划，他的下一个目标就是中央革命根据地。

1933年年初，蒋介石再次来到江西南昌，设立“南昌行营”，并任命顾祝同为“围剿”军总司令，朱绍良为右翼总指挥，蒋光鼐为左翼总指挥，而陈诚所指挥的中路军，是这次“围剿”的主力。

由于之前蒋介石在鄂豫皖和湘鄂西，采取“稳扎稳打，并进长追，逐步压缩”的战术方针，获得了极大成功。因此，这次他也打算用同样的方法对付中央红军：先以左中右三路大军围歼中央红军，然后再南进，进攻中央革命根据地的中心瑞金。

1933 年 2 月，国民党的第四次“围剿”开始。此时，王明“左”倾冒险主义者已经取得了中共中央的领导地位，毛泽东被从前线调回后方做政府工作。由“左”倾领导的党中央，提出要先发制人，进攻敌人中心城市的冒险主义方针。2 月 12 日，中央红军奉命攻打南丰城，但由于南丰城工事坚固，红军经过两天的激战，仍然未能攻克。周恩来和朱德得知这一情况后，立即决定更改作战部署：改强袭为佯攻，变攻城为打援。

◎中共闽粤赣省委第四次反“围剿”紧急会议旧址——朝斗岩大雄宝殿

幸好此时“左”倾冒险主义者，还未能取得红军的直接军事指挥权，朱德和周恩来分别担任红一方面军总司令和总政治委员。而且大多数红军指战员也依然支持毛泽东“诱敌深入、待机歼敌”的作战方针。

1933年2月底，红一方面军召开了军事会议。红军领导通过对敌请的详细分析，发现敌人的援军第五十二师和第五十九师在向黄陂进军时，会遇到一座大山岭——摩罗嶂。这座山岭可以把两个师从中间隔断。红军总部经过研究决定，集中兵力在黄陂一带设伏，采取各个击破的方针，打一场大兵团山地伏击战！

2月26日，红军总部作下了战斗部署：部队被划分为两翼，红一军团、红三军团和红二十一军为左翼，由林彪和聂荣臻指挥。红五军团和红二十二军团为右翼，由董振堂和朱瑞指挥。红十二军为预备队。出发前，红军总部要求：各部队在行进途中和进入伏击阵地后，一定要严密隐蔽伪装，务必要做到出敌不意，才能取得战争的胜利。红军各部接到命令后，随即开赴战场，红军战士们冒雨前进，克服了种种困难，终于先于敌军抵达设伏地点。

为了迷惑国民党援军，红军乐安军分区司令还假装写了一封信，并有意让敌人得到。这封信是写给红军乐北军分区司令的，里面写道：“我工农红军正围攻南丰，旦夕可下。惟乐安之两师白军若向河口、黄陂前进，则我红军无法攻下南丰，本身亦感大危险。望派人监视此两师敌人，果其南来，即迅速报告，予当率乐北两团竭力抵抗之。”敌军第五十二师师长李明和第五十九师师长陈时骥得到这封信后大喜过望。他们本来就认为红军主力都在进攻南丰城，这次就更加确定一路上不会遇到有力的抵抗，立即横冲直撞地向黄陂进军。

国民党军第五十二师和第五十九师属于罗卓英的第一纵队，是蒋介石的“掌上明珠”。而这两个师又是蒋介石的嫡系精锐部队，不仅兵力充足，而且装备的都是国外先进的自动火器，战斗力强大。

2 月 27 日，天上依然下着雨，雾气蒙蒙，这对于正在行军的国民党军队来说可算不上个好天气，却十分有利于执行伏击任务的红军。此时，李明率领五十二师正沿着崎岖的山路向大龙坪走来。而红军左翼的指战员们则埋伏在大龙坪一带的树林里。林彪和聂荣臻考虑：为了防止敌人撤退，不能过早和敌人交火。但要是在下午 1 点还不发起进攻，天黑前肯定不能结束战斗，也无法和右翼协同作战。两人最终决定：在下午 1 时准时发起攻击，各个击破，直至全歼，务必在天黑前结束战斗。

27 日中午，敌人的大队人马走进了大龙坪一带的峡谷中。第五十二师的先头部队已经到达桥头，而后卫部队还在登仙桥一代，整支队伍走得稀稀拉拉，首尾不能相顾，警戒十分松懈，丝毫不知道即将大难临头。下午 1 时，战斗准时打响，红军战士们犹如天兵天将一般突然出现在敌人的面前，霎那间就把敌人的队伍截成了几段，枪炮声响彻整个峡谷。敌人被这突如其来的攻击吓得魂飞魄散，队伍里一片混乱。过了好一会儿，敌人的指挥部才发出命令，要求部队就地抵抗。红军的炮兵营掌握了敌军指挥部的位置后，立即集中火力，对准敌人的指挥机关，展开一阵猛轰，敌军指挥部随即被摧毁。

敌军第五十二师的指挥系统瘫痪了，李明的队伍本来就首尾不能相顾，摩罗嶂山脉又把他和第五十九师完全割断。一时间，李明是叫天天不应，叫地地不灵。第五十二师在红军猛烈的攻击下，溃不成军。被包围的国民党军士兵不是四散逃窜就是缴械投降。

战斗果然在天黑前基本结束，敌军第五十二师大部被歼灭，师长李明也身负重伤，被红军俘虏。而另一边的第五十九师也逃不脱一样的命运。

国民党军第五十九师向黄陂挺近的路上，不断受到红军游击部队的袭扰。师长陈时骥受到红军那封假信的影响，以为是红军乐北军分区的阻击部队，更是加快了脚步向前挺进。游击部队将计就计，一边阻击敌人，一边假装溃逃。陈时骥见到这种情况，果然更加狂妄，率领部队一路快马加鞭，朝着红军的包围圈而来。

2 月 27 日，第五十九师进入霍源地区。霍源位于黄陂西北，敌人要想到达黄陂，必须经过群山中的一条峡谷。这里山高林密，地势险要，不利于敌人雨中行军，却十分适合红军埋伏大部队。右路的红二十二军、红五军团等部队早已设好埋伏，准备给敌人迎头痛击。

中午 12 时，陈时骥的部队全部进入峡谷之中。随着嘹亮的冲锋号声，枪炮声一起响了起来，英勇的红军战士们从山上冲下来，与敌人混战在一起。为了全歼陈时骥的五十九师，红军派出部队绕到敌人侧后，抄了敌人的后路。国民党军在大雾中胡乱放枪，竟然发生了前队打中队、中队打后队的乌龙事件。

2 月 28 日，红军指挥部发出了总攻的命令。敌人大部被歼灭，陈时骥带着不足一百人的残兵败将仓皇逃窜。逃往树林中的陈时骥急忙给李明写了一封信求救，然而他不知道的是，此时李明已经因伤势过重死亡……被陈时骥派去送信的卫兵很快就被红军抓获，陈时骥本人也在不久后被抓。

经过两天激战，红军的左翼和右翼大军，分别歼灭了国民党军队的第五十二师和第五十九师，并且缴获了大量的军需物资。

这次大兵团山地伏击战断送了蒋介石的两个现代化师，让红军得到了许多先进的武器装备。这一仗后，红军里经常有战士开玩笑说："这个蒋介石真是咱们的运输大队长，从第一次'围剿'就开始给咱们送武器装备，一连送了 4 次，还真是大方，咱们真该谢谢他呢。"蒋介石得知这件事后，气得七窍生烟。他立即给陈诚下了手谕："唯此次挫失凄惨异常，实有生以来唯一之隐痛。"

自从红军歼灭了敌军两个主力师后，"围剿"军的全线作战计划都被打乱。红军紧接着又在东陂打了一个伏击战，围歼了第十一师，并乘胜追击，消灭了第九师一部。蒋介石的作战部署终于全线解体。

在毛泽东积极防御战略思想的影响下，红军取得了第四次反“围剿”的胜利，俘虏一万余人，缴枪一万余只。第四次反“围剿”胜利后，红一方面军和地方红军扩大到八万余人。

瑞金陷落，长征肇始——第五次反“围剿”

李德原名奥托·布劳恩，出生于德国，曾在苏联伏龙芝军事学院学习。1932 年被共产国际执委会派往中国。1933 年 9 月，他以中共中央军事顾问的身份来到瑞金，从此和中国红军的命运紧紧地联系在了一起。但也正是由于他的错误指挥，红军被迫进行战略转移，并在长征初期付出了惨重的代价。

毛泽东曾经这样评价李德：“李德不了解中国国情，也不了解中国工农红军的情况，不做调查研究，听不得不同意见，生搬硬套在苏联有效，在中国却行不通的战略战术。”

第五次反“围剿”期间，中共中央负责人博古将红军的军事指挥权交给了李德。这个在苏联伏龙之军事学院学习过 3 年，只有街垒巷战经验的顾问，不问中国国情、不顾战争实际情况，只会照搬课本上的知识，坐在房子里按地图指挥战斗，结果导致第五次反“围剿”的彻底失败，红军被迫撤出中央苏区，踏上了悲壮的长征路……

1933 年，蒋介石调集 50 万大军，准备采取堡垒主义的新战略，向中央苏区发动第五次“围剿”。9 月 25 日，国民党军队开始大举进攻中央苏区重要门户黎川，中央红军的第五次反“围剿”作战拉开序幕。完成“围剿”准备的国民党北路军，以 3 个师的兵力向黎川发起进攻。3 天后，“围剿”军攻克黎川，红军虽然阻止了国民党军继续向黎川西南挺近，但歼灭敌军的战略目的没有达成。

10 月，李德命令红二十四师向已被国民党军占领的硝石发动强攻，

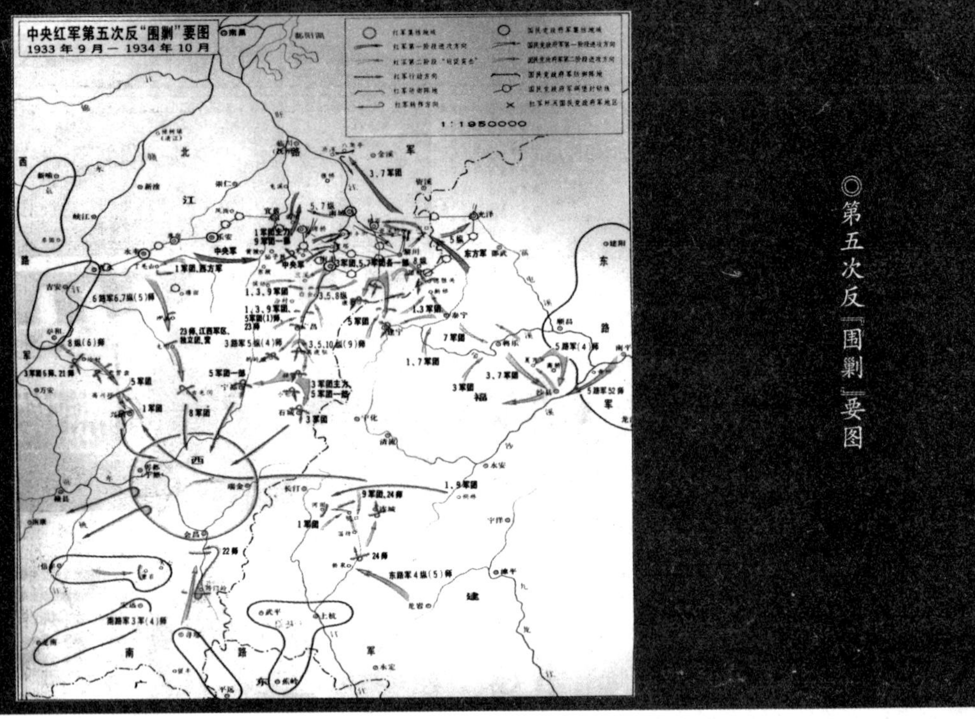

◎第五次反『围剿』要图

夺回根据地。但“围剿”军利用坚固的防御工事，打退了红军的进攻。红军久攻不下，且伤亡惨重。蒋介石见德国顾问向他提出的“堡垒战略”大获成功，于是下令要求：全体“围剿”军实施“战术防守，战略进攻”的方针。

然而此时，在李德的错误指挥下，红军主力依然在向国民党军堡垒密集地区进攻，结果不但未能攻克，反而使部队遭受了严重的损失，中央红军陷入被动局面。

12 月 11 日，“围剿”军 8 个纵队的兵力离开堡垒封锁线，开始向根据地发动第二阶段的攻击。李德竟然命令红军主力与装备精良的蒋介石嫡系部队进行战略决战，结果大败，红军被迫南撤。红军在连续的作战和失利中十分疲惫，战斗力大减。

1934 年 4 月 10 日，国民党北路军陈诚率领 11 个师进攻广昌。面对敌人的猛烈攻势，中共中央调集了红一军团、红三军团和红五军团第十三师，共 9 个师坚守广昌。

红军 9 个师，敌军 11 个师。这是一场以主力拼主力、以堡垒对堡垒、以阵地对阵地的殊死搏斗。中央红军的主力部队几乎全部被投入到广昌城，中国革命的前途和命运全压在了广昌这一战上……

4 月中旬，保卫广昌的命令下达：“我们的战斗任务，是以全力保卫广昌。为完成这个光荣的任务，一切战斗员、指挥员、政治工作人员应有最大限度的紧张与努力，我们坚定的、坚决的、顽强的、英勇的战斗，非但能够保卫赤色广昌，而且可能消灭大量的敌人及最后粉碎第五次‘围剿’。”

签署这个命令的是中国共产党中央委员会总书记博古、中革军委主席朱德，代总政治部主任顾作霖。然而众多的红军指挥员却看着这个充满了西化语言的命令，摇头苦笑，这分明就是李德的命令。

此时，由陈诚率领的国民党军队已经做好了战斗部署：5 个师为河西纵队，5 个师为河东纵队，一个师为预备队。他计划两个纵队同时向红军施加压力，如果河东受阻则河西推进，如果河西受阻则河东推进，交替进行，向广昌逐步推进。

李德分析：陈诚的主力部队都在河西，河东的队伍则较弱，所以应把红军主力部队集中在河东，先歼灭河东的主力部队。然而李德没想到，红军主力还没开始进行突击，敌人就率先向大罗山等地发起了猛攻。红军战士们经过顽强抵抗，才没让敌人向前推进一步。

此时，河西的敌人却趁红军主力在东岸作战，突破了红九军团和第二十三师的阵地。4 月 14 日，国民党占领了甘竹，实现了第一期进攻计划。

而红军在河东的主力部队，也渐渐抵挡不住国民党军队优势火力的猛攻。4 月 19 日，国民党河东纵队占领了大罗山等阵地。当天黄昏，红一军团和红三军团主力向大罗山发起了反击，但多次冲杀后，未能阻止敌人的进攻，只得被迫撤退。此后，国民党军队相继占领香炉峰、长生桥等阵地，逼近广昌城，完成了第二期进攻计划。

4 月 27 日，国民党河东、河西两路纵队同时向广昌发起总攻。当晚，红军被迫撤出广昌城。

广昌战役是中央红军在第五次反“围剿”中进行的一次防御战役。红军以较弱的力量与在武器装备方面占绝对优势的国民党军队，打起了阵地战，拼起了消耗。结果，红军在历时 18 天的战斗中，损失了五分之一的兵力，由此奠定了红军长征的必然结局。

在国民党对中央苏区进行第五次“围剿”的同时，日本帝国主义正在进一步侵犯华北领土。中共中央经讨论决定，由红七军团组成红军北上抗日先遣队，立即向闽、浙、赣、皖的国民党后方挺近，宣传抗日主张，推动抗日民族运动，同时牵制国民党“围剿”军的兵力，减轻中央苏区的压力。红军北上抗日先遣队下辖三个师，共六千余人。1934 年 7 月 6 日夜，北上抗日先遣队从江西瑞金出发，经福建、大田、尤溪、谷口、水口，直逼福州。国民党得知后，急忙调集兵力进行堵截。北上抗日先遣队边打边转移，曾相继攻占罗源、穆阳、庆元、清湖、常山等城镇。

1934 年 8 月 5 日，国民党北路军 9 个师在强大的火力的支援下，向驿前以北地区发起了总攻。红三军团和红五军团第三十四师奉命据守驿前，进行阵地防御。在一个月里，红军战士们击退了国民党军的数次进攻，使国民党军第八十九师丧失了战斗力。但红军本身也损失惨重，不得不放弃驿前以北的全部阵地。9 月，“围剿”军加紧了对兴国、长汀等地的进攻，企图迅速占领上述中央根据地，转而进攻宁都、瑞金，以实现合围歼灭红军的目的。此时，中共中央领导人被迫决定放弃中央苏区，进行战略转移。

1934 年 10 月 10 日，中共中央、中革军委从瑞金出发，率领红军主力军团共八万六千余人，开始向湘西实行战略转移。至此，中央苏区第五次反“围剿”失败，红都瑞金陷落，中央红军主力被迫突围，开始了两万五千里长征。

第三章

中央苏区英烈谱

“男儿沙场百战死，壮士马革裹尸还。埋骨何须桑梓地，人间处处是青山。”这是红军将领伍中豪于1929作的一首诗，同时也是苏区英烈们一生的誓言与写照。

血沃长沙：陈毅安

1930年6月至7月中旬，红军第三军团在彭德怀的带领下连连告胜。此时以李三立为代表的“左”倾冒险错误在中央盛行，“立二中央”下达“会师武汉，饮马长江”的命令。彭德怀心知贸然进攻有着重兵把守的武汉，只会徒增伤亡，有百害而无一利，于是决定退而求其次，准备攻克城中空虚的长沙。

在这场即将展开的战斗中，有一个人物不得不提。那就是红三军团第八军第一纵队司令员，长沙战役中任前敌总指挥的陈毅安。

陈毅安出身一个乡村教师家庭。从小被知识与书香熏陶的他，外表看起来更像一个文人。从小就忧国忧民的他，并没有继承父业，去当一名乡村教师，而是毅然考入黄埔军校学习，成为了一名优秀的军人。

◎陈毅安，湖南湘阴人。长沙战役中壮烈牺牲，年仅25岁。

黄埔军校毕业后，陈毅安被分配到武汉国民政府警卫团。正是这支军队，在秋收起义后，成为了开创井冈山根据地的主力。毅然投入到红军队伍之中的陈毅安，屡建战功，为井冈山革命根据地的创建作出了众多贡献。

1930 年 6 月，红五军扩编为红三军团，军团任命陈毅安为红八军第一纵队司令员。针对“立三中央”不断催促攻打中心城市的要求，彭德怀急召陈毅安到任。接到命令后，陈毅急匆匆地从湘阴赶到浏阳的金井，找到红三军团司令部参加纵队以上干部会议。

会上，彭德怀向陈毅安、滕代远、何长工、黄公略等人传达了中央“会师武汉，饮马长江”的命令。与会人员听到中央的命令，都皱紧眉头，表情严肃。他们清楚，“会师武汉”说的容易，真要打起来肯定会搞得头破血流。彭德怀当然清楚大家所想的是什么，他也不愿意看到刚刚壮大起来的队伍白白去撞敌人的枪口，便与众人商量，决定将进攻目标定为城中军事空虚的长沙。

7 月 27 日，陈毅安率领的红一纵队向长沙发起进攻。在进攻开始之前，彭德怀与陈毅安进行过详细的攻城方案研究。彭德怀对陈毅安说道：“榔梨这个地方，是能否撕开进城第一道口子的重点。不过，这地方可是一块硬骨头啊。”

陈毅安听完彭德怀的话后，坚定地保证道：“蒙军团信任，再硬的骨头我们也啃定了！”

就如陈毅安保证的那样，红一纵队成功撕开进城的第一道口子，

为之后主力部队成功攻城立下汗马功劳。到7月28日清晨的时候，红三军已经全面扫清了长沙城内守敌，占领长沙，夺得了国民党的第一座省会城市。

红三军团攻克长沙，让国民党当局大为震惊。很快，国民党当局调集大批军队准备向长沙进行反扑。8月3日至4日，国民党军刘建绪、公秉藩的3个师，在十余艘外国军舰的掩护下渡过湘江，成南北夹击的攻势向长沙市区紧逼。同时，武汉行营方面也加强了岳阳一线的防务，准备围歼长沙城中的红军。

彭德怀意识到长沙不宜死守，决定撤退，但反扑的敌人来势凶猛，很快将准备撤退的红三军团阻截。

军团司令部向陈毅安下达紧急命令：红1纵队全线撤出战斗，其中一个团速向乌梅岭靠拢，接受任务。陈毅安接到命令后，自己率领第二团赶往乌梅岭，红一纵队其他人员听随黄克诚指挥且战且退。

陈毅安在向乌梅岭进发的路上与彭德怀所率小队相遇。彭德怀见到陈毅安，焦急地说："军团政治部还在城中，滕代远他们都还没见出来。咱们得赶快去接应他们！"陈毅安与彭德怀将第二团分为两支队伍，二人各带一支，向炮火密集的城中攻去。

进入城中不久，二人就找到被敌人围困的政治部百余人，并顺利帮他们突破敌人包围。接应任务完成后，彭德怀对新河周围的阵地很是担心。如果新河附近部队不能牵制住敌人，整个第三军团的撤退都会受到重大影响。于是，彭德怀立即下令让陈毅安率领第二团迅速前去支援，并对陈毅安叮嘱道："红三军团主力必须要在天亮前撤退完毕。你只要坚持到天亮，就迅速率队开始撤离。"陈毅安接到命令，二话不说，立刻带队立即向奔赴新河阵地。

陈毅安率队赶到时，敌人已经冲破红三纵队的头道防线，正向第二道防线猛攻，阵地岌岌可危。陈毅安见此情况，立即率领第二团加入战斗。战斗异常激烈，敌人不断加大火力与兵力，向红军阵地发起进攻。陈毅安清楚此次战斗的主要任务是牵制住敌人，只要多坚持一分钟，大部队成功撤退的希望就扩大一分。

时间一分一秒的流逝，太阳的光辉渐渐从山间溢出——天亮了！他们成功完成了牵制敌人的任务。陈毅安紧皱的眉头终于有些舒展，向部队下达了撤退命令。敌人火力依旧强大，撤离阵地也是一项艰巨的任务。陈毅安有效调度，指挥队伍边打边退。他让战士在堤岸上架设两挺重机枪，作为掩护点，自己则在离掩护点的不远处拿着望远镜观察敌情。

突然，本无火力点的左侧阵地前方，敌方的一挺机枪进行火力偷袭，几个战士应声倒地，陈毅安也连中四枪，倒在血泊之中。

最后，第二团成功撤离新河与军队主力会合。身负重伤的陈毅安被战士们抬在担架上昏迷不醒。昏迷之中，他的眉头依旧紧皱着，像是仍在担心战斗的进展。战士们呼唤着他的名字，他像是没有听到一样，始终双眼紧闭，直到停止呼吸的那一刻。

陈毅安的呼吸停止了，生命结束了，而他留下的精神与其所信仰、拼搏的革命仍在继续……

文武双全真骁将：伍中豪

要说红军早期中毛泽东的第一位爱将，就要数伍中豪了。井冈山斗争时期，他与林彪、黄公略并称朱毛红军“三骁将”。伍中豪在北大读书时，经李大钊介绍加入共产党，后又入黄埔军校学习军事，与林彪等人是同班同学。自从与毛泽东结识后，他就对毛泽东钦佩有加，非常赞成毛泽东的军事主张，曾诚恳地对毛泽东说：“我这一生跟定了你！”

正如伍中豪所说，他一生都一直跟随毛泽东，为革命奋斗不息。

◎伍中豪(1903–1930)，名昭苐，湖南省耒阳市伍家村人。

1927 年 9 月，伍中豪跟随毛泽东参加领导湘赣边秋收起义。起义失败后，他也坚决支持毛泽东“转兵农村，建立革命根据地”的主张。

能成为“三骁将”并不是只要有绝对忠诚的心，伍中豪之所以可以成“骁将”，完全是靠他自己的真才实干。伍中豪用兵极为巧妙，脑子里有用不完的计谋，常常带领部队取得战斗胜利。当初，毛泽东率队转兵农村，途中受到强敌追击，就是依靠伍中豪“时东时西，时分时合”的建议才得以甩掉敌人，顺利到达三湾。

建立井冈山革命根据地时，伍中豪的军事才能更加显现出来。他指挥了大小近百场战斗，取得数次胜利。1928 年 2 月，伍中豪率领一个营前去攻克宁冈新城。针对敌情，他制定出围城打伏击的战略，成功解放宁冈新城，歼敌 1 个团，俘虏县长张开阳，取得井冈山根据地开创以来第一次全歼敌人的胜利。伍中豪的优异表现，受到军中上下的一致肯定。毛泽东曾多次在干部会议上表扬伍中豪既能带兵打仗，又会做群众工作，是个文武全才。

1929 年 1 月 4 日，柏露会议针对敌人的“会剿”，定下“围魏救赵”计谋：由红五军留守井冈山，红四军离开井冈山，以迂回方式对敌人进行牵制作用。但红四军离开井冈山之后的去向，成了一个大问题。伍中豪主张向赣南发展。他说：“赣南地域广阔，高山多，易于与敌人回旋，当地驻守敌人不多，群众基础也好。农作物丰富，可以自给自足，是绝佳之选。”

伍中豪的这一主张遭到二十八团团长林彪的极力反对。林彪认为队伍应该向赣东发展。伍、林二人就此问题互相辩驳，争得面红耳赤，互不相让，争到最激烈处时，甚至拍起了桌子。

最后，还是毛泽东经过客观分析，决定采纳伍中豪的主张。事实证明，伍中豪的主张是正确的。红四军向赣南进发后，迅速在当地建立起红色政权，成为后来建立中华苏维埃共和国、定都瑞金的根本。

为了扩大赣南闽西革命根据地，红四军命令伍中豪攻打闽西龙岩，发动农民起义。1930 年 5 月 23 日至 6 月 9 日，伍中豪率领部队先后 3 次攻打龙岩，歼敌两千多人，取得全面胜利，并领导发动龙岩地区七县农民起义，建立苏维埃政权，奠定了开辟闽西根据地的基础。

这之后，红四军第三纵队扩编为红一军团第十二军，伍中豪任军长，并担任新成立的中国革命军事委员会委员。

长久的工作、战斗导致伍中豪积劳成疾，身患肺炎入院治疗。8 月时，毛泽东受中央指示前去攻打长沙。临行前，毛泽东去看望病重的伍中豪。伍中豪虽在病床之上，却依旧心系革命队伍。他对毛泽东说："'会师武汉，饮马长江'还为时过早，此次长途跋涉攻打大城市，还望多保重。"

伍中豪的担心变成了现实。红四军攻打长沙失败，损失惨重。9 月，伍中豪大病初愈，立即加入攻打吉安的战斗。

同年 10 月，伍中豪带领一个警卫排，从吉水出发，前去完成调集赣西南各县独立团的任务。经过安福县城时，伍中豪的队伍突然遭到安福县靖卫团的袭击。伍中豪率队伍仓促应战，且打且退至亮家山后，终因寡不敌众，弹尽粮绝，孤立无援，被靖卫团团长罗汉苟开枪杀害，时年 27 岁。

伍中豪的牺牲，对红军来说无疑是一个沉重的打击。军中上下一时沉浸在悲伤的气氛之中。就连一直不轻易落泪的毛泽东在听到伍中豪牺牲的消息时，也难抑悲痛之情，落下泪来。伍中豪一直是毛泽东、朱德等人看好的军事奇才，可叹出师未捷身先死。曾担任红十二军政委的谭震林曾说：“伍中豪如果不牺牲，他绝对是我们军队中和林彪平起平坐的元帅。”可见伍中豪的才能与在众人心中的位置之高。

但英雄已逝，生者能做的唯有沿着英雄的足迹继续前行。

红军第一位总参谋长：朱云卿

朱云卿出身于广东梅城上市辅廷路一个贫苦市民家庭。14 岁的时候，朱瑞卿曾跟叔父到印尼做工。旅居国外的经历让他深感祖国如不能独立自强，中国人就无尊严立于世界。最终，朱云卿决定回国参加革命。1924 年，他从印尼回到广州，考入黄埔军校第三期。

1925 年时，朱云卿加入中国共产党，开始了他作为一个共产党人的革命征途。从黄埔军校毕业后，朱云卿在广州、湖南等地积极开展革命工作，组织农民运动，与反动势力英勇斗争。1927 年 9 月 9 日，朱云卿参加了毛泽东领导的、震撼全国的秋收起义。秋收起义的部队在三湾改编为中国工农革命军第一师第一团，他担任该团参谋长，并随部队进入井冈山。

到达井冈山后，朱云卿参加过大大小小多次战役，取得了一次又一次胜利。在这些战役中，最能显示其军事才能的，就要属黄洋界之战了。

黄洋界之战发生在 1928 年 8 月，当时，毛泽东率领一个营的兵力离开井冈山前去桂东迎接红军大部队。留守井冈山的只有朱云卿和党代表何挺颖所率的三十一团一营和袁文才、王佐的地方武装三十二团。湘军吴尚得知毛泽东率军下山，井冈山上军事空虚，便勾结赣军王均，纠集了 4 个团的兵力，分两路向井冈山根据地扑来。

这一敌情传到井冈山，朱云卿立即召集团部会议，商议对敌策略，确定战斗部署。朱云卿根据敌众己寡的这一情况，利用井冈山的地理

朱云卿(1903–1931),广东嘉应(今梅州市)人,原名云,字国声

优势，布置出细致有效的防御措施。例如，在山路两旁的茅草里埋上削竹钉，在山顶上放置大量的檑石，在山坡上挖出一条条深壕沟壑等等。

朱云卿知道敌人此次来势汹汹，这场战斗必定不会轻松。为了以防万一，确保根据地根基不被撼动，朱云卿还在黄洋界、朱砂冲、桐木岭、双马石、八面山等五大哨口修筑了工事，特别是在黄洋界的工事，构筑得极为牢固。黄洋界山高路险，除了一条羊肠小道外，四面都是悬崖峭壁。朱云卿认为此处对于御敌极为有利。

8 月 20 日上午，湘军排着“长蛇阵”沿着小道向井冈山上进发。当他们爬到半山腰处，突然，枪炮声骤起，成堆的檑石从山上砸下。敌人瞬间惊慌失措，可四面都是悬崖峭壁，退无可退，只得困在原地，进退两难，被我军打得头破血流。在阵型后方的敌人见前方情况不妙，想要转身溃逃，谁知又在慌乱中陷入竹钉阵。就这样，红军战士还未正式发动攻击，就已经阻止了敌人的三次进攻，敌人因此损失惨重。

为了不拖延战局，尽快结束战斗，朱云卿还想出一个计谋。他让战士们摆出毛泽东已经率红军大队归来的架势，以此震慑敌人。为了让敌人深信不疑，他还从修理厂抬出一门待修的迫击炮，放在黄洋界的望哨上。这门迫击炮虽然待修，前两次发射均未成功，但最后一次终于发射成功，“轰隆”一声，炮弹准确命中敌人指挥所。瞬间，黄洋界上杀声震天，枪炮齐鸣。敌人见这阵势，果真上当，以为红军大队已经赶到，吓得丢盔弃甲慌忙逃窜。

黄洋界一战，以红军全面胜利告结。至此，朱云卿卓越的军事才能，在井冈山上传开了。

1929 年 1 月，朱云卿又随着红四军主力向赣南闽西挺进，参加了大柏地、长岭寨等战斗，其所率三十一团担任主攻任务，一次次胜利完成任务，为红军成功到达赣南闽西地区，建立红色政权立下汗马功劳。3 月，红四军在长汀整编，朱云卿调任红四军参谋长。

1930 年，针对蒋介石的“围剿”行动，红军展开第一次反“围剿”战斗。朱云卿也将自己的军事才能发挥到一个新的高峰。他根据“敌进我退，敌驻我扰，敌疲我打，敌退我追；大步进退，诱敌深入，集中兵力，各个击破”的反“围剿”方针，积极有效地组织、部署战斗，并根据战斗实际情况，将这一方针做了进一步丰富、完善，为第一次反“围剿”战斗的胜利作出了重要贡献。1930 年 6 月，中国工农红军第一军团在长汀成立，朱云卿任参谋长。8 月，红一方面军成立，他又兼任军团参谋长。1931 年 1 月，中革军委任命朱云卿为中革军委总参谋部代部长。这样，年仅 24 岁的朱云卿便成为了我军的第一位总参谋长。

第一次“围剿”失败后，不甘心的国民党政府很快又投入更多兵力进行第二次“围剿”行动。1931 年 5 月 15 日，正在进行第二次反“围剿”的红军横扫七百余里。打到中村附近时，朱云卿在战斗中英勇负伤，被安排住进江西吉安东固附近的红军后方总医院治疗。谁知，卑鄙阴险的国民党当局竟派出特务悄悄潜入医院，将身负重伤的朱云卿秘密杀害。

朱云卿牺牲时，年仅 24 岁，风华正茂，正处于其革命事业与军事生涯的巅峰攀登的辉煌时期，却因敌人阴狠卑鄙的手段而中途陨落。这不仅是红军的损失，也是中国人民的损失。朱德曾在 1937 为朱云卿写过一篇列传，以纪念这位不朽良将。

“飞将军”：黄公略

黄公略，原名黄汉魂，字家杞，是中国工农红军高级将领。

黄公略少年时不满家中异母长兄的歧视、欺侮，毅然于 1916 年加入湘军，后又于 1926 年考入黄埔军校学习，1927 年加入中国共产党，并参加了广州起义。1928 年时，黄公略与彭德怀、滕代远领导了平江起义，创立了中国工农红军第五军，并任第十三师第四团党代表。1929 年 8 月末，彭德怀、滕代远率领红五军主力奔赴井冈山，黄公略率第一、第二、第三纵队留守平江、浏阳一带进行游击战争，创建湘鄂赣苏区。

1929 年秋天，红五军主力从井冈山回到湘鄂赣苏区。彭德怀与滕代远见到当初 200 多人的小部队，已经在黄公略的领导下发展为 2000 人的武装队伍，都对他钦佩不已。随着革命的发展，红军队伍不断壮大。1930 年初，红六军正式组建，后改为红三军，黄公略任军长。

队伍的迅速壮大，随之而来也出现了许多问题。士兵大多都是普通农民出身，存在纪律松懈，农民意识、地方观念浓厚，游击主义习气严重等等问题。为了改善红三军存在的不良习气，肃整军容军纪，黄公略投入了大量心血，并向红四军及红五军申请调一批干部充实到三军。他与调来的干部积极开展工作，对军中战士进行群众观点和纪律性教育，培养指战员树立争取全国独立解放的革命思想，同时还言传身教，督促师团干部学习文化知识。在黄公略的努力下，红三军不论是整体素质、思想觉悟，还是战斗力都得到了极大的提高。

在战斗方面，黄公略也展现出了非凡才干。在中央革命根据地三次反“围剿”的战斗中，黄公略率领红三军与敌人展开一次次激烈战斗，屡建奇功。在红军第一次反“围剿”战斗中，黄公略带领红三军

第七、第八、第九师隐蔽在龙冈黄竹岭一带，伺机突袭敌人。1930 年 12 月 30 日清晨，张辉瓒率领第五十、第五十三旅及师部 8000 人马，偷偷地从龙冈向军埠进犯。黄公略一直在暗中观察着敌人的行动，当发现敌人已经进入埋伏圈后，一声令下，隐蔽在草丛中、乱石后的战士们突然发起进攻。敌人对犹如从天而降的红军，猝不及防，根本无法展开有效反击，逃的逃，躲的躲。最终，龙岗一役，黄公略率队歼敌 8000 人，缴获大批武器装备，张辉瓒也被活捉。

◎旧军队时期的黄公略

一次次战功让黄公略在红军中威名远扬，也让他成了国民党的眼中钉。国民党在全国发布通缉令，悬赏金最高时达到 10 万大洋，同时还将他家乡的老母亲及妻子扣在长沙，以此要挟。黄公略对于国民党的威胁毫无所动。国民党见“硬的”不行，就来“软的”，找来黄公略的异母长兄带着重金潜入革命根据地，打算利诱黄公略，但也告失败。黄公略这种“软硬不吃”的坚定革命信念，受到毛泽东、朱德等人高度赞扬。

与此同时，蒋介石的第二次“围剿”也开始了。总前委经商定，决定由红三军担任主攻任务。1931 年 5 月 15 日，红三军抢在敌人之前占领了白云山将军帽这个制高点，为歼击敌人取得了有利条件。等到上午 10 时，公秉藩才带领蒋军第三十八师直属部队赶到附近。黄公略指挥红三军利用制高点优势，从山头上向敌人部队横压下来，进行猛烈攻击。敌人在红三军的攻击下，无法展开有效反击，众多士兵干脆仓皇逃窜。带头的公秉藩见势头不对，扮成伙夫仓皇逃走。这之后，红三军乘胜追击，在红四军的配合下又消灭了王金钰的第四十七师。

◎中华苏维埃共和国临时中央政府为纪念黄公略烈士而建造的公略亭

白云山一役，获得全面胜利。毛泽东曾赋词一首，赞美这次战斗：“白云山头云欲立，白云山下呼声急。枯木朽株齐努力，枪林逼，飞将军自重霄入。”黄公略与红三军，因此获得了“飞将军”的美誉。

1931 年 7 月，红军第三次反“围剿”战斗打响。黄公略在胜利结束了方石岭战斗后，率红三军来到东固六渡坳。刚经过长途跋涉的红三军，还未来得及进行休整，就见三架敌机呼啸着袭来。当时在行军队尾的第七师刚刚赶到，不清楚敌情。黄公略不顾个人安危，一面指挥第七师隐蔽，一面跃上山坡，指挥机枪对空中扫射。飞机在空中盘旋，机枪很难命中。突然，敌机一个俯冲，对山坡上疯狂扫射。前一刻还在指挥战斗的黄公略，突然停止了动作，倒在了血泊之中。

年仅 33 岁的黄公略牺牲了。

第二日召开的黄公略追悼会上，有这样一副挽联，对黄公略的一生进行了精准的概括：“广州暴动不死，平江暴动不死，如今竟牺牲，堪恨大祸从天降；革命战争有功，游击战争有功，毕生何奋勇，好教后世继君来。”

后来，为了纪念黄公略，党中央在中央革命根据地成立了公略步兵学校。1932 年春，又在瑞金城东北的叶坪修建了公略亭，以此让后世永远怀念这位英雄。

手握红星奖章：毛泽覃

毛泽覃比毛泽东小十二岁，毛氏三兄弟中排行第三。毛泽覃从小就深受毛泽东这个大哥的影响，接触了马克思主义，随哥哥一同投入到革命事业中。毛泽覃在毛泽东身边学习生活过五年，毛泽东对他关爱有加又极为严厉。这为他之后在革命斗争中，不怕苦不怕累，英勇顽强的行动作风奠定了基础。

1927 年 6 月，马日事变后，中共中央决定成立以毛泽东为书记的新的湖南省委。毛泽东根据这一情况，把两个弟弟找来，说道："和平的日子不多了，咱们三兄弟聚在一起的日子也不多了。"三兄弟进行了一次漫长的谈话后，便为了革命各奔东西。毛泽民根据大哥的意见，回湖南准备秋收暴动。毛泽东则到湘赣边界发动秋收起义。而毛泽覃也离开武汉，前往南昌，正赶上南下的"八一"起义部队，便去叶挺的十一军政治部工作，随部队转战于湘赣边界。

1927 年 10 月，毛泽东率秋收起义队伍到达井冈山。之后不久，朱德、陈毅率领的南昌起义队伍，与毛泽东在井冈山会师，掀开了红军历史的光辉一页。而毛泽覃就是促成这一次会师的重要联络员。

原来，当朱德得知毛泽东在井冈山的消息后非常高兴，立即派毛泽覃上井冈山，与毛泽东取得联系。毛泽覃接到任务后二话没说，立刻乔装打扮秘密向井冈山进发。

毛泽覃身穿国民党军官服，化名覃泽，以国民党的身份成功潜入到井冈山附近的茶陵城。当时毛泽东已经成功将井冈山附近的茶陵城攻占。毛泽覃到达时，茶陵的哨兵已经是红军战士了。毛泽覃在向哨兵证明了自己的真实身份后，见到了大哥毛泽东。

兄弟俩许久未见，还来不及话家常，就开始谈论起工作。毛泽覃

◎毛泽覃（1905年—1935年），毛泽东的三弟，湖南湘潭县韶山冲人。

向毛泽东介绍了南昌起义军余部的详细情况及朱德、陈毅派他来井冈山联系的具体意向。联络任务完成后，毛泽覃就留在了井冈山，为会师做准备工作，直至1928年4月28日两军成功会师。

毛泽覃不仅是井冈山会师的重要联络人，还是井冈山革命根据地建设斗争中的优秀参与者。1928年新年刚过，毛泽东、张子清趁国民党正规军都撤回老窝过春节的机会，率领军队一举攻下了井冈山南大门——遂川县城。

虽然战斗获得成功，但随之而来的新问题也急需解决。原来，在红军到来之前，遂川城的百姓还不知道红军这支队伍，只听国民党特务们散播的“他们会用烙铁在每个老百姓身上，烙上‘共产党’三个子”的可怕谣言。所以当百姓听闻红军来了，立刻跑的跑，躲的躲，整个城中只剩下一些不能出门的老人。

为了消除老百姓对工农红军队伍的误解，红军按照毛泽东提出的“打仗消灭敌人；打土豪筹款子；做群众工作，帮助群众建立革命政权”的三大任务方针，在城中进行宣传活动。

依靠打土豪，分浮财的方法，宣传活动收到了一定效果，城中百姓对红军的误解也渐渐消除，但是当地群众基础毕竟薄弱，想要开展革命活动仍旧艰难。毛泽东意识到，想要在井冈山地区建立巩固的革命根据地，必须加强农村基层党的建设工作。想到这里，毛泽东立即找来毛泽覃，安排他回到井冈山，负责发动群众，在农村建立党的基层组织，并进行土地革命的试点工作。

毛泽覃最初听说让他回井冈山开展农村党建工作时，非常不乐意。比起政治工作，他更想上战场，与敌人进行殊死战斗。还是毛泽东的一句“不懂得农民，就不懂得中国革命”，才让毛泽覃意识到政治工作与军事工作一样重要。最后，毛泽覃欣然接受命令，回到井冈山开展农村党建工作。

毛泽覃回到井冈山后迅速展开工作。他带着两名武装干部，来到乔林乡，深入贫苦农民群众之中，与群众一对一的交谈、讲课、宣传革命道理。毛泽覃为人亲切，讲话风趣，又懂得百姓疾苦，老百姓都喜欢和他说话。

毛泽覃经常鼓励农民兄弟，他说：“地主总说，穷人是一块‘死铁’。要我说，共产党就像一座大火炉，穷人到共产党里面来，‘死铁’也能炼成钢，造成枪，打起仗来厉害得很！”大家听了毛泽覃的话，一扫过去被地主、劣绅欺压的苦闷情绪，心中都充满了革命的斗志与热情。

就这样，党建工作在乔林乡如火如荼地展开了。毛泽覃把当地的农民组织起来，打土豪、分田地，并在斗争中培养积极、先进、有觉悟的人加入共产党。仅用了一个月，乔林乡就建起了第一个农村党支部，毛泽覃担任党支部书记。

毛泽覃在一次次革命斗争及工作中逐渐成长为红军中优秀的指挥员，先后参加了保卫井冈山的战斗以及中央苏区五次反“围剿”战斗，还曾因战功卓著，获得了一枚中央军委颁发的二等红星奖章。

1934 年 10 月，中央红军主力被迫开始长征，毛泽覃留下坚持游击战争，担任中黄中央苏区分局委员、红军独立师师长、闽赣军区司令员。1935 年 4 月 25 日，毛泽覃率领部分游击队员来到瑞金县红林山上的黄田坑村。游击队刚刚结束一场恶战，疲惫不堪，毛泽覃下令夜宿在村中。谁知，第二天天还没亮，敌人大部队就包围了村子，毛泽覃迅速组织游击队向后山撤离，而他自己跑到一个高地上拿着机枪向敌人扫射，以吸引敌人注意，掩护游击队员撤离。

敌人果真被毛泽覃吸引过去，敌人的子弹如雨点般射向毛泽覃所在的高地。很快，毛泽覃的双腿被子弹击中，鲜红的血液喷涌而出，毛泽覃不顾疼痛，继续端着机枪向敌人阵群中扫射。在他的努力下，游击队员成功撤离了，而他自己终因寡不敌众，被敌人罪恶的子弹击中胸膛，倒在阵地上，再也没有站起来，时年 29 岁。

革命运动的先驱：贺昌

贺昌原名贺颖，是中共早期的高级党务工作者，红军高级指挥员，同时也是学生运动的领导者，工人运动的先驱。

贺昌出身山西一个乡绅家庭。父亲贺雨亭学识渊博，思想开明，为人正直，是少年贺昌最早的启蒙者。受父亲的影响，贺昌从小就心怀天下，心系天下苍生。在他早期所作的一篇文章中曾这样写到："国家灾难临头，应挺身而出，即使牺牲也不退缩。"这句话也成了贺昌生前的铮铮誓言。

1920 年春天，贺昌考入位于太原的山西省立第一中学读书。入校后，贺昌结识了高君宇、王振翼等进步人士，接触到了马克思主义，思想觉悟有了很大提高。很快，接受了进步思想洗礼的贺昌就与高君宇、王振翼等人投入到宣传马克思主义的行动中。

第二年的 5 月 1 日这天，在贺昌等人的努力下，以"唤醒劳工，改造社会"为宗旨的太原社会主义青年团成立，王振翼、贺昌先后担任团组织的负责人。团组织成立后，通过各种方式大力宣传马克思主义和无产阶级革命的主张，鼓舞人民群众的革命斗志。除此之外，贺昌还以股东的身份集资创办书社。他的书社中有大量如《共产党宣言》、《< 资本论 > 入门》、《中国青年》、《先驱》等进步书刊。贺昌

◎贺昌又名贺其颖，1906年1月19日出生于山西省离石县柳林镇（今属柳林县）羊道口（今称贺昌村）。中国工农红军高级指挥员

等人为山西最早宣传马克思列宁主义者，他们传播新思想、新文化，进行共产主义启蒙教育，为引导众多山西青年走上无产阶级革命道路，起到了极大的推动作用。

1922年6月，太原团组织成立了社会主义青年团太原地方执行委员会，年仅17岁的贺昌被推选为太原团地委书记。这之后，贺昌在继续进行马克思列宁主义理论宣传的同时，也开始积极投身到学生运动和工人运动之中。

山西省革命事业的蓬勃发展，引起了大军阀阎锡山的强烈不安。为了打压革命种子的成长、蔓延，阎锡山决定将其扼杀在摇篮之中。阎锡山采用了多种强硬手段：查书报刊物，经常无故大批扣押印刷出版物，就连学生聚会都要横加干预，学校就更是成了严加管制的重点场所，通过校方对学生施加压力，束缚住学生的自由言行……

面对这一系列镇压行动，贺昌组织发动了一系列抵制斗争。1922年9月，贺昌与刘廷英等人以青年学会的名义召开学生大会，号召学生一起抵制军阀走狗省立一中校长魏日靖，并提出“反对封建独裁”、“要求政治活动自由”的口号。在贺昌等人的鼓舞下，学生们勇敢地与校方进行谈判，并在遭遇百般阻挠后依旧勇敢与恶势力抗争。最终，这场抗争在持续了半年之久后获得胜利，魏日靖被免职。

在贺昌等人的努力工作下，太原的革命火焰越烧越旺。1922 年 5 月和 9 月，贺昌先后领导太原大国民印刷厂和制革厂工人举行罢工斗争，至此，山西工人运动的序幕拉开。

通过这两次工人运动，贺昌进一步意识到：工人阶级只有团结一致，成立工会组织，斗争到底，才能取得胜利。此后，贺昌在山西地区又领导了多次工人罢工活动，为众多受压迫的工人夺回了应获得的公平待遇。

1923 年 3 月，贺昌从太原奔赴北京，担任共青团中央经济部主任，开始了职业革命家的生涯。此后，贺昌曾先后担任团中央委员、常委、团中央工农部长、共青团湖北省委书记、顺直省委书记等职。进入中央苏区后，贺昌历任红五军政治委员、红三军团政治部主任、红军总政治部副主任等职。

1934 年 10 月，红军第五次反“围剿”失败后，中央主力开始长征。贺昌奉命留在中央革命根据地，与项英、陈毅等人组成中共中央分局和中华苏维埃中央办事处，担任中央分局委员、中央军区政治部主任等职，继续在南方革命根据地领导红军和游击队坚持斗争。

红军长征开始后的第二年 3 月 10 日，坚持游击斗争的贺昌在率领部队与敌人战斗时，因寡不敌众，被敌人包围。为了避免被敌围歼，造成全军覆没的后果，贺昌率部队展开突围行动。在突围过程中，在江西会昌河边遭遇伏击，贺昌与赣南省委书记阮啸仙等人一同壮烈牺牲，时年 29 岁。

贺昌牺牲后，陈毅曾作《哭阮啸仙、贺昌同志》来悼念已逝英烈：

“环顾同志中，阮贺足称贤。阮誉传岭表，贺名播幽燕，审计呕心血，主政见威严。哀哉同突围，独我得生全。”

“秋之白华”：瞿秋白

毛泽东曾这样赞扬过一个人：“在革命困难的年月里坚持了英雄的立场，宁愿向刽子手的屠刀走去，不愿屈服。他的这种为人民工作的精神，这种临难不屈的意志和他在文字中保存下来的思想，将永远活着，不会死去。”

这个人，就是瞿秋白。

瞿秋白曾两度担任中国共产党最高领导人，是中国共产党早期主要领导人之一。与大多领导人不同，瞿秋白不是军人，而是一个彻彻底底的文人。他从未驰骋沙场，也没带兵打过仗，但他却用自己文人的能力，在一个看不到硝烟的战场，与敌人展开激烈的斗争，并为中国人民的解放事业和民族振兴输送了一批又一批栋梁之才。

作为文人，瞿秋白的早年经历自然离不开“学习”。1917 年春，瞿秋白来到北京，准备报考北京大学，但因付不起学膳费，只得去报考了“不要学费要出身”的俄文专修馆，学习俄文。而这也成为他生命中一个重要的转折点。

瞿秋白有着进步的思想与极高的觉悟。他看到社会上的黑暗与不公，看到祖国正在承受的动荡与不安，并为此忧心不已。1919 年 5 月 4 日，瞿秋白参与了五四运动，并加入李大钊、张嵩年发起的马克思主义研究会，开始了他的革命之路。

1920 年 8 月，瞿秋白因为精通俄文，被北京《晨报》和上海《时事新报》聘为特约通讯员到莫斯科采访。这次漫长的莫斯科之行，让瞿秋白终生难忘。

1921 年 6 月 22 日，共产国际第三次代表大会在莫斯科召开。在不久之后的 7 月 6 日，瞿秋白有幸见到了伟大的革命导师列宁，并与之

◎瞿秋白，又名瞿双，祖籍宜兴，曾两度担任中国共产党主要领导人（1927年7月~1928年7月，1930年9月~1931年1月）。是中国共产党早期主要领导人之一，伟大的马克思主义者，杰出的无产阶级革命家、理论家和宣传家，中国革命文学事业的重要奠基者之一

进行了简短的交谈。这次交谈，让瞿秋白心情激荡不已，受益匪浅。在同年的11月7日，俄国十月革命节四周年之际，瞿秋白在莫斯科第三电力劳工工厂参加工人的纪念聚会时，又一次见到了列宁，并聆听了他的演讲。与列宁的接触，让瞿秋白的革命信念愈加强烈，终于在1922年春，正式加入中国共产党。

1922年12月21日，瞿秋白受陈独秀邀请，从莫斯科归国。回国后不久，瞿秋白为了更好传播列宁主义，翻译了斯大林所著的《论列宁主义基础》中的《列宁主义概述》部分，并亲自撰写多篇介绍列宁、国际共产纲领与策略以及国际共产主义运动史方面的文章刊登在杂志上。

此外，瞿秋白与于右任、邓中夏创办了上海大学，旨在将上海大学办成“南方的新文化运动中心”，为之后革命队伍培育了一批又一批的优秀人才。

1927年2月22日，上海工人发动第二次武装起义，瞿秋白参与并指挥了此次起义。同年4月，瞿秋白参加中共五大，并发表了《中国革命中之争论问题》，尖锐地批评了陈独秀等以及共产国际为代表的“右”倾机会主义错误。在这次会议上，瞿秋白当选为中央委员、政治局委员、并任政治局常委，成为中国共产党领袖之一。

在1927年的‘八七’会议上，瞿秋白被选为中国共产党第二任最高领导人，负责主持中央工作。中共‘六大’后，瞿秋白留在莫斯科，担任中共驻共产国际代表团团长两年时间，于1930年8月回国，并再次担任中共中央主要领导人。在1931年1月的六届四中全会上，瞿秋白被解除中央领导职务。

因长年的劳累，瞿秋白患了肺结核。离开中央领导岗位后，瞿秋白留在上海养病。在养病过程中，瞿秋白一直与茅盾、鲁迅交往，进行文艺创作和翻译，领导左翼文化运动。1934年1月7日，瞿秋白奉命离开上海前往中央革命根据地瑞金，任中华苏维埃共和国中央执委会委员、人民教育委员会委员、中华苏维埃共和国中央政府教育部部长等职。他在瑞金与红军一起为建设革命根据地立下了汗马功劳。

1934年10月，中央红军第五次反“围剿”失败，主力红军被迫长征。瞿秋白被留在苏区继续坚持革命斗争。1935年2月24日，瞿秋白在向香港转移途中被敌人逮捕，于5月9日押解到福建长汀。

6月18日这天，是瞿秋白行刑之日。一位临场记者这样报道瞿秋白此时的情景：

1935年6月18日，福建长汀。瞿秋白来到中山公园，“至中山公园，全园为之寂静，鸟雀停息呻吟。信步至亭前，已见小菜四碟，美酒一瓮。彼独坐其上，自斟自饮，谈笑自若，神色无异”。酒半乃言曰：“人生有小休息，有大休息，今后我要大休息了。我们共产党人的哲学就是鞠躬尽瘁，死而后已。”瞿秋白说罢此话，坦然正其衣履，到公园凉亭前拍了遗照——他背着两手，昂首直立，恬淡闲静之中流露出一股庄严肃穆的气概。

瞿秋白从容地走向刑场，他仿佛不像是奔赴刑场，而是在去参加一场晚宴。他高唱着国际歌，走到罗汉岭下，找了一块地方席地而坐。而后，他看了看行刑者，微笑着说道："此地甚好。"随后饮弹洒血，从容就义，时年 36 岁。

在此，用瞿秋白在狱中的一句话作结，再次感受他就义前的无畏与坚定：

"这世界对于我仍然是非常美丽的。一切新的、斗争的、勇敢的都在前进。但是，永别了，美丽的世界！"

◎瞿秋白烈士纪念碑

第四章

红都瑞金的红色经典传奇

红都瑞金，毛泽东等老一辈无产阶级革命家曾在那里战斗和生活。那里洋溢着革命的豪情，那里的歌声都充满了火红的色彩。《苏区干部好作风》是苏区领导干部深入群众、关心群众的见证，《十送红军》是苏区人民对红军依依不舍、催人泪下的惜别……

瑞金，共和国在这里起步，二万五千里长征从这里出发，数万壮士由此踏上漫漫长征之路，饱含着悲壮的旋律，先辈们用草鞋走出来的红色传奇值得我们后人敬仰和解读。

山坳里的“开国大典”

“开国大典”这个词让人们自然联想到 1949 年 10 月 1 日，毛泽东在天安门城楼向世界宣告中华人民共和国成立的景象。但也许很少有人知道，这并不是中国共产党人举行的第一次开国大典。在新中国成立的十八年前，即 1931 年 11 月 7 日，中国共产党人曾在赣南的山坳小城瑞金，也举行过一次场面热烈的中华苏维埃共和国“开国大典”。主持“开国大典”的毛泽东、朱德等人，也正是后来中华人民共和国开国大典的主角。人们不得不惊叹：历史竟有着惊人的相似之处。中华苏维埃共和国的诞生，就是十八年后中华人民共和国成立的伟大预演！

20 世纪 20 年代末至 30 年代初，土地革命逐步深入，苏维埃运动也骤然兴起。共产国际出于革命斗争的考虑，提出了在中国建立一个全国性中华苏维埃中央政府的主张。1929 年 10 月 26 日，共产国际执行委员会致函中共中央，提出"建立苏维埃形式的工农独裁"的任务。当时主持中共中央工作的中央领导周恩来、李立三等人，立即按照共产国际的指示，着手中华苏维埃中央政府和中华苏维埃第一次全国代表大会（简称"一苏大"）的筹备工作。

到 1931 年 9 月，第三次反"围剿"胜利结束，中央苏区形成了二十一个县，拥有二百五十万人口和近七万红军的广大根据地。同时，国民党内部由于矛盾纠缠，暂时还未发动新的"围剿"，苏区迎来了一段相对和平的发展时期，这给中华苏维埃共和国的创建提供了有利的外部客观条件。

中共中央于 9 月 20 日做出决议，中央苏区在十月革命节正式成立苏维埃全国临时中央政府。9 月 28 日，毛泽东率苏区中央局和红军总部从永丰来到瑞金，加快筹备第一次全国苏维埃代表大会。中共中央虽决定在中央苏区召开"一苏大"，但并没有确定具体的开会地点及临时中央政府所在地。按照原来的计划，毛泽东、朱德率红军主力东进闽西，休整补充，并筹备在福建长汀举行"一苏大"，以长汀为中心建立中华苏维埃共和国。但当毛泽东、朱德到达瑞金叶坪后，认为江西瑞金比福建长汀更适合"建都"。于是中共中央果断对原定部署做出调整，决定红军主力不再全部东移福建，而是留驻赣南诸县，红军总部也不再移驻长汀。这一决定得到了上海临时中央的同意。

瑞金"建都"有哪些合适的条件呢？从地理位置上看，瑞金处于中央苏区的中心，地形复杂，交通闭塞，是当时敌强我弱条件下建立

红色政权的理想之地；从经济条件看，瑞金气候温和，雨量充沛，土地肥沃，物产丰富，可以保证中央机关和红军的给养；从政治条件看，瑞金长期没有国民党正规军驻防，民众政治觉悟高，群众基础好，自1929年后，一直是比较巩固的红色区域。

另外，当毛泽东和朱德来到瑞金叶坪以后，发现叶坪村这里的古树参天，像一个个天然的屏障，便于人员的疏散和隐蔽。现在的叶坪村仍然可以看到很多的绿树，这其中的一些，也许正是在当年掩护了“一苏大”胜利召开的“有功之树”呢！

不过，要成立中央苏维埃政府这样的大事，光靠自然条件的遮蔽就能逃过敌人的视线吗？什么样的方法才能躲过国民党的高空侦察和飞机的突袭呢？

为了确保“一苏大”的胜利召开，深谙《孙子兵法》的毛泽东提议在福建长汀县城的郊区布置一个假的会场。为了吸引敌人的注意，毛泽东特意让人在假会场中插了很多红旗，粘贴了很多标语。搞个虚虚实实让敌人摸不清真假。

在叶坪的这个真会场远不如福建长汀的假会场气派。不管是阅兵

◎瑞金叶坪——中华苏维埃共和国中央政府旧址

式还是会场，全都掩映在绿荫丛中，一切都仿佛无声无息，只有人们的内心是火热的，充满希望的。

为了检阅而新开辟出的红军广场、红军检阅台，是时任瑞金县委书记的邓小平带领瑞金的老百姓一起用竹子和木头搭建起来的。广场被装点一新，左右两侧沿广场四周的竹竿上、树杈上挂着灯笼。检阅台的横梁上挂着“第一次全国苏维埃代表大会红军检阅台”的横幅。台子两边是中国工农红军军旗。会场内挂起了大红的横幅，简易的桌子搬上来，铺上一块红布就是主席台，一条条凳一摆就是会场内的席位。

一般“开国大典”应该在新政府成立后举行，并多安排在白天。但由于条件的制约，“一苏大”和中华苏维埃共和国的“开国大典”却与众不同。为了防止暴露目标，遭到敌人的空袭，红军的阅兵典礼安排在11月7日凌晨举行，群众庆祝集会则安排在晚上举行。

1931年11月7日，军号声唤醒了清晨，启明星注视着这个叫叶坪的村庄。接受检阅的中央红军各军团代表、红军随营学校和警卫部队代表及附近各县赤卫军和少先队队员一早就来到了叶坪红军广场，6时左右，在数千名群众的欢呼声中，毛泽东、朱德、项英、王稼祥、任弼时、曾山等党政领导人登上检阅台。7时整，阅兵开始，彭德怀担任阅兵总指挥，毛泽东等检阅了英勇的红军部队。这一切都是在古樟树的浓荫下进行的。

大会执行主席朱德宣布：“第一次全国苏维埃代表大会阅兵仪式现在开始!”随着嘹亮的军号声，威武雄壮的红军战士，扛着从战争中缴获的各种武器，精神抖擞，喊着洪亮的口号，迈着矫健的步伐通过检阅台，向毛泽东、朱德等领导人行注目礼。赤卫军和少先队也穿着列宁装，挂着红飘带，扛着梭镖、大刀整齐地通过检阅台，喊着“红军万岁”、“苏维埃万岁”、“中国共产党万岁”的口号。

阅兵仪式刚刚结束，国民党反动派的十多架飞机直飞瑞金县城，企图轰炸“一苏大”会场。此时，红军广场上军民已经全部疏散隐蔽。飞机并没有发现会场目标，只是向县城及近郊扔下一些炸弹，然后飞向福建长汀。在那里，国民党飞机终于“发现”了设在那里的“一苏大”会场，又是投弹轰炸，又是低空扫射，把假会场炸烂后“凯旋”而归。

敌人怎么也没有想到，红军的阅兵仪式已经在他们的眼皮底下举行完毕了。而且，在当天下午 2 点，中华苏维埃第一次全国代表大会就在叶坪的谢氏祠堂里，在他们的飞机扫视下正式举行了！

“一苏大”主席台正面挂着马克思、列宁的木刻画像和镰刀斧头红旗，台桌的前沿挂着“工农堡垒”、“民主专政”等布质标语。来自中央、闽西、湘赣、湘鄂赣、湘鄂西、琼崖、赣东北等革命根据地的代表，以及红军部队的代表全国总工会、全国海员总工会等白区的代表共计 610 人。代表们聚集在这个赣南的山坳小城瑞金叶坪，第一次在全国代表大会行使着属于自己的权力！

大会由项英致开幕词：“同志们！中华苏维埃全国第一次代表大会，已于苏联十月革命胜利日的今天，正式开幕了！”他的话音刚落，会场内外顿时响起了热烈的掌声和欢呼声。毛泽东欣然为中华苏维埃

◎中华苏维埃第二次全国代表大会会场

共和国写下了两句著名的题词："苏维埃是工农劳苦群众自己管理自己生活的机关，是革命战争的组织者与领导者。"

当天晚上，为庆祝"一苏大"的召开，瑞金的红军和群众共数万人，提着各式灯笼，打着火把，从四面八方涌向叶坪红军广场，与代表们一起举行盛大的庆祝晚会。毛泽东、朱德等中央领导与广大群众一起唱歌、喊口号。一时间，出现了"人山人海，红光满天，庄严热烈，空前未有"的盛况。

从 9 日到 18 日，与会代表先后听取、讨论并通过了《中华苏维埃共和国宪法大纲》、《劳动法》、《土地法》、《关于经济政策的决定》和解决红军问题、少数民族问题、救济困难群众问题、为死难烈士立碑纪念等决议案。19 日，大会选举产生了由六十三人组成的中华苏维埃共和国中央执行委员会，并宣告成立中华苏维埃共和国。20 日，大会举行闭幕式。在毛泽东、项英分别致闭幕词后，大会执行主席曾山向全体代表宣布："从今日起，瑞金改为瑞京，为中华苏维埃共和国首都。"全场欢声雷动，大会在雄壮的《国际歌》歌声中闭幕。

数万名群众提灯演戏、燃放烟火、发表演说，欢庆红色政权的建立，将中华苏维埃共和国的"开国大典"推向了高潮。

12 月 1 日，中央执行委员会发布《中华苏维埃共和国中央执行委员会第一号布告》，正式宣布：中华苏维埃共和国临时中央政府成立。

第一次全国苏维埃代表大会就这样，在炮火中，在革命道路的探索中召开了。不管国民党反动派如何阻挠、破坏，不管外部形势如何恶劣，革命前路如何艰辛，都挡不住人们对新中国、新生活的向往！

从赣南山坳里红都瑞金的"开国大典"，到十八年后在北京举行的开国大典，从叶坪红军广场到北京天安门广场，从简易的红军检阅台到庄严雄伟的天安门城楼，瑞金是中国革命漫漫征程中不可或缺的"奋起一跃"之地，叶坪，是中国革命史中重要的里程碑。

“毛主席”的称谓从这里叫起

毛泽东一生担任过很多职务，也有过不少称呼，我们最清楚的两个称谓就是“毛委员”和“毛主席”。

在现在的许多电影中，反映秋收起义和井冈山革命斗争题材的，对毛泽东的称呼一般是“毛委员”。这是因为 1927 年毛泽东受中央的指派在湖南领导秋收起义，当时毛泽东既是中央委员，又是党中央的特派员，所以，被人们亲切地称为“毛委员”。

“毛主席”这个称呼一直是我们对毛泽东最熟悉的称呼，也是在他一生中最重要时期，人们对他最亲切的称呼。那么，称呼毛泽东为“毛主席”到底是从什么时候开始呢?

1931 年 11 月 7 日，中华苏维埃第一次全国代表大会在瑞金县叶坪村胜利举行。这是一次全国性的代表大会，有 610 名代表出席大会。11 月 19 日，历时 14 天的“一苏大”胜利闭幕。大会选举产生了由六十三人组成的中华苏维埃共和国中央执行委员会。“一苏大”胜利闭幕后，新产生的苏维埃中央执行委员会于 11 月 27 日召开第一次会议。38 岁的毛泽东当选为中央执行委员会主席和中央人民委员会主席，项英、张国焘当选为中央执行委员会副主席和中央人民委员会副主席。

大会主持人任弼时走上主席台，现场提议：“请毛主席为大会题词!”一时间，大家你看我、我看你，还不明白在叫谁。不一会儿，大家不约而同把目光投向毛泽东，六十多位委员站起来热烈地鼓掌，大家异口同声地喊着“毛主席”。因为在此之前，大家对毛泽东的称谓通常为“毛委员”、“总政委”，这次突然称之为“毛主席”，自然有些不习惯。但从这时起，“毛主席”这一称谓开始产生了。“毛主席”这个称呼从此伴随他的一生，从瑞金传遍全国。

1934年1月21日至2月1日，第二次全国苏维埃代表大会在瑞金沙洲坝举行。中华苏维埃共和国临时中央政府更名为：中华苏维埃共和国中央政府。2月3日，第二届中央执行委员会召开第一次会议，毛泽东再次当选为中央执行委员会主席，但不再兼任人民委员会主席，改由张闻天担任人民委员会主席。

1934年10月，由于“左”倾教条主义的错误领导，第五次反“围剿”失利。中央红军被迫作战略转移，开始踏上漫漫长征之路。中华苏维埃共和国也随之长征，成了“马背上的共和国”。

“毛主席”这个称谓随着后来机构调整和形势转变，含义也随之发生了变化。例如，1943年3月，毛泽东被选为中共中央政治局主席。此后，毛泽东一直担任中共中央主席。1949年10月1日新中国成立，毛泽东当选为中华人民共和国中央人民政府主席。1954年9月，在北京隆重召开了第一届全国人民代表大会第一次会议，会议决定设置国家主席，毛泽东当选。1959年4月，党中央尊重毛泽东不再担任国家主席的意见和提议，选举刘少奇为国家主席。此后，毛泽东虽然不再担任国家主席，但仍然担任中国共产党中央委员会主席、中央政治局主席和中央军委主席，所以大家仍称他为“毛主席”。这一称谓也就一直延续下来。

从红都瑞金叫起的“毛主席”，随着岁月的推移，逐渐成为全国上下乃至海外人士对毛泽东的专用称谓。这一称谓，折射了毛泽东的传奇人生，也见证了他在中国共产党历史上的政治地位。

“八一”建军节在此诞生

每年的8月1日是中国人民解放军建军纪念日，因此也叫做“八一”建军节。很少有人知道，“八一”建军节诞生于近一个世纪前的

◎八一南昌起义纪念塔

1933 年。第一个建军节的庆祝活动，是在中华苏维埃共和国的首都——江西瑞金举行的。

1927 年 8 月 1 日，南昌起义爆发。8 月底，起义军在朱德、贺龙等指挥下，经过彻夜强攻，占领瑞金，取得了南昌起义以后第一次攻城战役的胜利。瑞金，这座山区小城，从此与中国革命结下了不解之缘。南昌是军旗升起的地方，而瑞金是“八一”建军节诞生之处。有人说“南昌建军，惊天动地；瑞金建政，翻天覆地”，这是对这段历史很好的概括。

1933 年 6 月 26 日，中共苏区中央局做出决定：“中央革命军事委员会为纪念 1927 年 8 月 1 日的南昌暴动，已确定‘八一’为中国工农红军纪念的日子。”

中央革命军事委会员对为什么确定“八一”为建军节做出这样的解释：“1927 年 8 月 1 日发生了无产阶级政党——共产党领导的南昌暴动。南昌起义是反帝反封建的土地革命的开始，是工农红军的起源。中国工农红军在历年的艰苦战争中，打破了帝国主义国民党的历次进攻，动摇了帝国主义国民党在中国的统治，已成了革命高涨的基本杠杆之一，是彻底进行民族革命战争的主力。为纪念南昌暴动的胜利与红军的成立，中央革命军事委会员提议把每年 8 月 1 日定为中国工农红军成立纪念日。

7 月 11 日，中华苏维埃共和国临时中央政府做出《关于“八一”纪念运动的决议》，批准了中央革命军事委员会的建议，规定自 1933

年起，以每年“八一”为中国工农红军纪念日。

随后，就如何搞好第一个建军节，中共中央、中央政府、中央军委作了一系列工作。苏区中央局宣传部特别统一拟定颁布了十六条宣传标语和三十一条口号，出台了《“八一”纪念宣传大纲》。毛泽东专门撰写《新的形势与新的任务》一文，发表在7月29日的《红色中华》报上；博古做了以《战斗的纪念节，战斗的任务》为题的多场专题演讲。与此同时，苏区各级政府还组织群众开展了集会、游行、晚会等活动，红军各部的宣传活动更为热烈。

1933年8月1日，中国工农红军在瑞金县城南郊的竹马岗举行了盛大的阅兵仪式。苏区军民打着火把，从四面八方来到叶坪村。工农剧社组成的欢迎表演团站在红军广场入口处，载歌载舞，气氛十分热烈。

庆祝活动分阅兵式和分列式两部分。为防敌机轰炸，中共中央决定阅兵式在天亮前完成。凌晨4点钟，阅兵仪式开始。军乐奏起，礼炮齐鸣，毛泽东、朱德、项英三位领导策马而行，检阅了刀枪林立、长达六百余米的红军队列。红军指战员以注目礼相迎，欢呼声、口号声响彻云霄。活动的第二项是宣誓，中央革命军事委员会向新成立的红军工人师和少共国际师授军旗，向两个师发出奔赴前线英勇杀敌的战斗命令。工人师和少共国际师组成两块方阵，指战员高举拳头进行宣誓。第三项是授旗授奖，中革军委领导分别给各红军学校授校旗，给红军各团队授战旗，向何长工等六位功勋卓著的红军指导员颁发红星奖章。

此时，天已大亮。中央政府和各党、群团体代表致祝辞后，分列式随之开始。红军方队在战旗的引领下阔步通过检阅台，战士们一面高呼着口号、一面向检阅台上的首长行注目礼。长长的受阅队伍从检阅台前整整走了一个多小时。坚定的步伐踢落晨雾，踏碎尘土，把“八一”两个大字嵌入史册。

1934 年 1 月，第二次全国苏维埃代表大会在瑞金沙洲坝召开。由于当时中共中央政治局已经从上海迁到了瑞金，因此，“二苏大会”后，中华苏维埃共和国临时中央政府正式成为中华苏维埃共和国中央政府。“二苏大会”还通过了修改后的宪法大纲等决议案和关于国旗、国徽、军旗，确定军旗以红色为底，中间为黄色的交叉镰刀锤子，右角上为黄色的五角星，旗柄为白色。人民军队第一面真正意义上的军旗由此诞生。

1949 年 6 月 15 日，中国人民革命军事委员会发布命令，以“八一”两字作为中国人民解放军军旗和军徽的主要标志。中华人民共和国成立后，将此纪念日改称为中国人民解放军建军节。

除了第一个“八一”建军节在瑞金举行，第一所红军大学也在此创办，第一份军报《红星报》在此创刊……瑞金，在人民军队发展史上有着特殊的意义。

中央苏区的系列“第一”

第一次提出用无产阶级思想建党建军

在建立农村革命根据地斗争的过程中，在党员成分主要是农民的条件下，如何克服非无产阶级思想，把党建设成为无产阶级先锋队，把以农民为主体的军队建设成为一支无产阶级领导的新型人民军队，成为中国共产党亟待解决的问题。

1929 年 12 月 28 日至 29 日，根据中共中央的指示精神，中共红四军第九次代表大会在福建上杭古田召开。大会由陈毅主持，毛泽东作政治报告，朱德作军事报告。会议通过了毛泽东起草的决议案，提出用无产阶级思想建党建军的原则，创造性地解决了在中国革命实际条件下党和军队建设的根本性问题。古田会议决议成为指导中国共产党建设和红军建设的纲领性文件。古田会议是中国共产党建党建军的光辉里程碑。

第一次“开国大典”

1931年11月7日，在瑞金城北6公里的叶坪村，举行了隆重的“开国大典”。7日凌晨，先举行了阅兵式，下午2时，中华苏维埃第一次全国代表大会在谢氏祠堂里正式举行。项英致开幕词，毛泽东为中华苏维埃共和国成立题词，六百多名代表出席会议。

第一次“阅兵式”

1931年11月7日，在江西瑞金叶坪村，举行了中共领导的人民军队的第一次阅兵式。它是当时苏维埃共和国“开国大典”的一个重要项目。

第一个反腐败法规

中央苏区的廉政建设是围绕着支援革命战争这一中心任务来开展的。主要内容是“反对贪污浪费的现象，反对官僚主义的领导”，目的是“改善与加强苏维埃的工作”，“节省经济充裕战费。保证一切任务正确的执行，使各苏维埃成为更坚强而有力的来动员群众领导群众充分的执行一切的战争任务。”

苏维埃临时中央政府自1933年下半年就开始准备发动一场反腐败的斗争。为了营造强大的群众舆论，《红色中华》特地在1933年12月5日发表社论，号召苏区广大党员、干部、群众都起来，同贪污浪费、官僚腐败作无情的斗争。1934年1月，在江西瑞金召开的第二次全国苏维埃代表大会上，中央政府正式发布训令：要在红色革命根据地的区、县、省及中央苏维埃政权机关内，开展一次反贪污、反浪费、

反官僚主义的惩腐肃贪运动。苏维埃各级监察机关要密切配合群众，发挥监察部门的作用，搞好检举控告贪污受贿、堕落腐败分子的工作。毛泽东也在这次大会的报告中指出：“应该使一切政府工作人员明白，贪污和浪费是极大的犯罪。”于是，一场以反贪污、反浪费、反官僚主义的惩腐肃贪运动在中央苏区展开了。

第一次发行公债

中华苏维埃共和国临时中央政府成立后，为保证革命战争和建设费用，先后于 1932 年 6 月发行短期战争公债 60 万元，10 月发行第二期革命战争公债 120 万元。

为了发展苏区经济建设，粉碎敌人经济封锁，1933 年 8 月，中央执行委员会决议发行经济建设公债 300 万元。同时，闽浙赣省革命委员会决议由闽北分区发行经济建设公债 20 万元（在此之前，中央苏区的革命战争公债也在闽北发行过。崇安县即今武夷山市，只发行了 500 元）。1933 年 3 月，闽浙赣第二次工农兵代表大会指出：“在目前革命与反革命决死战争，大规模革命战争激烈开展的时候，更需要发展苏区经济，改善群众生活，开发财政来源，增加财政收入，以充裕战争

◎中华苏维埃共和国国家银行旧址

经费。”闽浙赣省苏维埃银行对大会提出的任务提出了具体措施，指出："应当鼓动群众，向银行入股与储蓄，以扩充银行基金。”号召根据地广大群众，向银行投股与储蓄。

当时的公债券为纸质，面值分别为五角、一元、两元、三元和五元。公债券均由上半部的主券和下半部的副券组成。主券上方从右至左横书债券名称，中间加盖一枚醒目的红色大圆印章。印章的中心是中华苏维埃共和国国徽图案，四周环以“中华苏维埃共和国临时中央政府财政人民委员部”的文字，印章下端右侧是“主席毛泽东”，左侧是“国民经济人民委员林伯渠”、“财政人民委员邓子恢”，在三人的名字之后各加盖红色方形姓名小印章，右侧则写有公债年息及付息时间。

第一次发行股票

早在土地革命战争时期，中国共产党人就尝试使用金融工具为红色根据地的建设服务。1932 年在中央苏区建立了国家银行并发行货币，第一任行长是毛泽民。1933 年，方志敏在苏区成功发行了闽浙赣省苏维埃银行股票，这是红色政权正式发行的第一只股票。

闽浙赣省苏维埃银行发行的股票，呈长方形，长 20 厘米、宽 7.5 厘米，上方印有“闽浙赣省苏维埃银行”，中间印有“壹圆股票”，并加盖有“闽浙赣省苏维埃银行”的红色印章。印章的两边印有“本银行股息周年六厘计算，每年年终结账，营业盈余除开支费用及股息外，所有纯净红利照股分派，次年一月凭票领取”。下方为股票号码，并附有每年领取股息和红利的凭证，从 1933 年 9 月到 1942 年止，共计十个年头。按当时的规定，该股票每股壹元，也可折谷入股，每 50 斤谷折算一股。

闽浙赣省苏维埃政府是中共历史上最早发行股票兑换券、公债券的苏区。当时，中共还处在领导根据地人民进行革命战争的极端困难时期，国民党政府对根据地进行残酷的军事“围剿”和经济封锁。闽浙赣省苏维埃银行，大胆地发行股票、公债券、兑换券，无论从理论上还是实践上，都是具有极其重要历史意义的开创性伟大壮举。

“苏区干部好作风”

革命老区赣州地区流传着一首脍炙人口的山歌：

苏区干部好作风，自带干粮去办公。
日穿草鞋干革命，夜打灯笼访贫农。
苏区干部好作风，真心实意为群众。
柴米油盐都想到，问寒问暖情意重。
苏区干部好作风，毛委员亲手培养成，
领导群众闹革命，艰苦奋斗人称颂。

这首山歌正是当时苏区干部关心群众生活，注意工作方法，密切联系群众的生动写照。歌曲通俗易懂，可它的内涵却非常丰富，概括起来就是：求真务实、勤政为民、艰苦奋斗、廉洁奉公。关于苏区干部深入群众、关心群众的许多故事至今仍在流传。

“我不能例外”

1933 年 7 月的一天，毛泽东同江西省军区参谋长陈奇涵（当时叫陈奇寒）一行四人，身背干粮袋，脚穿草鞋，来到江西苏区长胜县铲田区进行调查研究。

次日清晨，毛泽东同警卫员要赶回瑞金中央政府。临行前，毛泽东对警卫员小吴说：“你按照规定去区政府财政部结清伙食费和住宿费，我们先走一步，你随后赶来。”小吴应声而去。

在区财政部，长工出身的老部长听说毛主席他们在这里住了一宿也要交食宿费，急得涨红了脸，说什么也不肯收。警卫员推辞不下，最后只好收回钱匆匆上路追赶毛泽东等人。毛泽东见了小吴忙问："食宿费结算了吗?"小吴吞吞吐吐地说明区干部退钱一事。毛主席听后，非常生气，立即要他再次赶回铲田重交食宿费。

陈奇涵参谋长看离村庄已远，便笑着说："毛主席，还是由我来办这件事吧，你们赶路要紧。"毛泽东同意了，并叮嘱道："老陈，这件事你一定要办妥。领导干部在执行财政纪律方面，更要严格遵守和作出表率，我不能例外。这样群众才能拥护我们呀。"陈奇涵点了点头，与毛泽东握手分别，赶回铲田区，代表毛泽东向财政部交了食宿费。老部长见这情景，感叹不已，只好拿出用毛边纸制作的财政部账本，郑重地在账本上写下"十捌（18）号，主席毛泽东住四（人）还大洋 1 元 8 角……"

1934 年春，随着中央苏区第五次反"围剿"战争的加剧，红军为了补充实力，在各地开展了扩红运动。随着红军队伍的扩大，对粮食的需求量也越来越大。为支援前方红军，临时中央政府开展了节约粮食运动。

毛泽东带头提出每天节约二两米。他平常白天忙于调查，夜里又要整理材料，常常通宵达旦，身体本来就不太好，再加上吃不饱饭，经常感到头晕眼花，身体越来越虚弱。警卫员见毛泽东身体日渐消瘦，心痛地劝道："主席，你节约几天就行啦！不然，身体哪受得了呀！"

"不，决不能让前线战士饿着肚子去打仗，我们在后方挺一挺就过去了。"毛泽东不顾警卫员的劝说。

有一天午餐，警卫员瞒着主席偷偷向伙房多要了一份饭。毛泽东发现后，要求他送回伙房。警卫员说："主席，饭都拿来了，你就吃吧！下次，我不多拿就是了。"

"不行，我是党的干部，应该带头执行，我不能例外。"警卫员知

道毛泽东的脾气，只好极不情愿地把饭送回了伙房。

由于毛泽东等领导人的身体力行，广大群众也自动开展了节约粮食运动，从而节约了大量粮食支援红军，保证了前方军粮的供给。

此外，临时中央政府在动员节约粮食支援前线的同时，还大力发展农业生产，鼓励开荒种粮种菜。毛泽东也经常利用工作之余，在沙洲坝住处后的黄土岗上整畦种菜。

有一天，毛泽东又起早来到他开垦的那块菜地，恰巧遇到正在晨练的赤卫队。看到主席埋头锄草，汗水湿透了衣服，大家纷纷劝道：“毛主席，您工作那么忙，这地还是由我们来种吧！”

毛泽东听了，向他们挥了挥手说：“谢谢你们啊！要打破敌人的经济封锁，要靠大家共同努力，我不能例外。”说完又埋头苦干起来，直到把地锄完才回去。

“我不能例外。”体现了毛泽东严于律己，克己奉公的美德和共产党人的先锋模范作用。

张闻天自带番薯下乡办公

1934 年是中央苏区最困难的一年，为了支援革命战争，中央政府先后发动了几次节省运动，并号召全体工作人员自带伙食办公和自带干粮下乡。

◎张闻天

张闻天经常带着干粮下基层检查工作。有一次，他同中央消费合作总社主任徐常山到瑞金县总社检查食盐采购情况。工作落实后，天色已经很晚，县总社主任周宗源忙到厨房叫炊事员准备饭菜招待他们。开饭时，周主任四处寻找，只见他们在食堂的角落坐着，张闻天从挎包里掏出一个草编饭袋，朝桌上一搁，笑着说：“老周，别忙乎了，我们都自带着干粮呢!”周主任上前一看，原来他们带着几块番薯，冻得又冷又硬。他不安地说：“张主席，这怎么行呢？我们县总社再穷，一顿便饭还是供得起的，再说我们已经准备好了饭菜，你们不吃，我们实在过意不去。”执意要请他们吃饭。

张闻天诚恳地说：“别再说了！同志，眼下战士们饿着肚子在前方打仗，我们后方机关的工作人员应当千方百计节省，支援前线。中央提出自带干粮的号召，我们当干部的应当带头呀。”一席话，说得周宗源半晌无语，他只好无奈地说：“那我去把番薯蒸热一下。”张闻天笑着同意了。

谢觉哉苏区惩贪

谢觉哉曾任苏维埃中央执行委员会秘书长。1933 年 11 月的一天，他来到瑞金县检查政府工作。谢觉哉素来坦率、直爽，一见到县苏维埃主席杨世珠，便开门见山地说，这次时间很紧，只有半天工夫，所以只能听听面上汇报，了解主要情况，但是汇报要实事求是，不能有半点虚假。

◎谢觉哉

杨世珠在汇报时，只谈工作成绩，闭口不谈问题。还一口一个“老首长”、“德高望重的老领导”，讨好奉承地套近乎。谈及财政收支账目时，杨世珠或答非所问，或前后矛盾，怎么也说不清楚。这引起了谢觉哉的怀疑。

转眼到了中午，瑞金县苏维埃财政部长蓝文勋说是为中央领导接风，大摆酒席。谢觉哉当场对蓝文勋进行了指责和批评，见到杨世珠、蓝文勋等一片慌乱神色，谢觉哉更加怀疑。为了弄清真相，他趁午后休息时，走访了两位老干部，发现问题果然严重，于是马上派人向中执委作了口头汇报。

下午，谢觉哉在瑞金县苏维埃常委座谈会上突然宣布：延长检查时间。翌日，中执委便派来工作组，通过突击查账，发现会计科长唐仁达吞蚀各基层单位上交的节省款、群众退回的公债谷票款，以及隐瞒对财主的罚款等，共有34项之多，合计大洋两千余元，还顺藤摸瓜挖出了集体贪污款，数额高达四千余元。

谢觉哉非常愤怒，这位平时慈眉笑眼的“好老头”，在常委会上声色俱厉地对杨世珠、蓝文勋等呵斥道：“你们称得上是共产党员、苏维埃干部吗？当前战争够残酷的了，大家都在千方百计节省每一个铜板、每一斤口粮支援前线，想不到瑞金县竟有用群众血汗养肥的贪官污吏！”

随后，谢觉哉代表工作组责令杨世珠、蓝文勋停职检查，并宣布将唐仁达逮捕法办。

谢觉哉回到苏区中央机关后，即向中执委主席毛泽东作了汇报。毛泽东十分赞赏他的果敢措施，认为惩贪治腐就必须这样雷厉风行、当机立断。为了从根本上铲除丑恶，谢觉哉又建议必须立法建规，昭示天下，以便广大群众监督。毛泽东听了，沉思片刻，坚定地说：“好，你谢胡子敢于开刀，我毛泽东决不手软！”

谢觉哉按照毛泽东的指示，与项英、何叔衡等人讨论研究，起草了中央执行委员会《关于惩治贪污浪费行为的训令》。其主要内容是：凡贪污公款在500元以上者，处以死刑；在300元以上500元以下者，处以3年以上8年以下监禁；在100元以上300元以下者，处以半年以上2年以下监禁；在100元以下者，处以半年以下的强迫劳动。执行单位必须同时追回其贪污之公款，并没收其本人家产之全部或一部分。苏维埃机关、国营企业及公共团体的工作人员，因玩忽职守而浪费公款，致使国家受到损失者，依其金额、程度、影响，处以警告、撤职以致一个月以上3年以下的监禁。此项《训令》由苏维埃中央执行委员会主席毛泽东、副主席项英、张国焘签署，于 1933 年 12 月 15 日颁布实施。

全苏区还开展了“执行《训令》、反贪倡廉”的群众性运动。在此威慑下，一些犯有贪污罪行的人纷纷投案自首，争取宽大处理。萍乡、上饶等地区，还出现了父亲检举儿子、妻子动员丈夫坦白的事例。当时民间流行的歌谣十分形象、生动地记述了这个情景：《训令》如霹雳，震得天敌响。“蛀虫”再狡猾，休想走过场。

全国解放后，谢觉哉担任最高人民法院院长。他常常回忆这段往事，称当时中执委的《训令》尽管不完善、较粗浅，但却是共产党领导下的人民政权最早制定和颁布的法制条文。

徐特立抓“解放童养媳”运动

徐特立在中央苏区时期曾担任中华苏维埃临时中央政府教育部代部长，负责苏区的教育事业。由于他当时已五十多岁，苏区军民称他为“徐老”。徐老有一副热心肠，与他相处的人都说他有一颗善良的心。

◎徐特立

徐老专心管理苏区教育，有时他还喜欢管管“闲事”。当年在苏区时，江西流行娶童养媳的风俗。那些还是孩子的童养媳被压在生活的最低层，饱受压迫和虐待，没有婚姻自由，被当做牛马使唤。苏维埃临时中央政府建立后，这些苦孩子看到了一线希望。她们迫切希望与其他孩子一样，能够参加革命活动和文化学习。可是仍残留封建思想的公公婆婆怕由此失去自己的儿媳妇，对她们严加看管。

看到这种情况，徐老心里很难过。他认为争取妇女解放，首先要争取童养媳的解放，于是他更加忙碌起来，亲自抓起“解放童养媳”

运动。

徐老经过一番认真的调查后，发现娶童养媳的人家，一般都比较穷，很多是贫雇农，是党的基本群众。徐老很是同情，也更坚定了解决这个问题的决心。

有一次，徐老在黄柏发动儿童入学工作。一个只有十五六岁的瘦弱姑娘慌慌张张跑到他跟前，泪流满面地说："徐伯伯，你救救我吧，你不救我，我只有死了！"经过询问得知，小姑娘是村里的童养媳，这些日子，她一直吵着要求读夜校，婆婆不允，硬是逼她与比自己大二十多岁的男人成亲，她很不情愿。听说徐老来了，她便偷跑出来，向徐老求救："我宁死也不结这门亲，求求您跟我公公婆婆说说，让我们退了这门亲事吧。"徐老听后很是同情，便仔细询问了一些情况。知道这家人对党的各项工作都积极拥护，只是在儿女婚姻问题上仍然存在一些封建思想。于是徐老决定亲自走访那户人家，希望能解决这个问题。

徐老来到这户人家，把两位老人请到旁屋，耐心地对老人讲解娶童养媳的弊端："共产党主张婚姻自主，你家的童养媳不愿与你儿子结亲，找了我这个老头子来同你说道说道。我们党的政策，只要有一方不愿意就不能勉强，这门亲事你们再考虑考虑。再说人家积极要求参加夜校，这是应该大力支持的。我们穷人苦就苦在没有文化上，让人愚弄欺负。有了文化就能参加工作，为革命多作贡献。"

徐老不厌其烦地向两位老人讲道理，打比喻，耐心细致地劝说两位老人。最后，两位老人终于被徐老的一片苦心感动，明白了党的婚姻政策，意识到封建思想的落后，立即同意取消了这桩婚事。于是，徐特立高高兴兴地带着这个童养媳到村夜校报名了。

这件事在村里传开了，大伙都说徐老是个热心肠。渐渐地，人们在童养媳问题上普遍也有了新的认识。

徐特立管"闲事"有他的道理，他说，妇女不解放，就不能做到全面教育，婆媳吵架、夫妻不和都会给扫盲工作带来困难。他希望广大的百姓受到平等的教育，只有实现妇女解放，消除封建残余的不平等，才能实现全面教育。同时，使她们的家庭也发生改变，让更多妇女参加到生产建设中去，徐老为此作出了不懈努力。

“八子参军”与扩红运动

为了扼杀新生的红色政权，蒋介石纠集几十万兵力，连续对中央苏区实行大规模的军事“围剿”。在前方战事吃紧，后方兵员短缺的情况下，苏维埃政府发出了“扩红支前”的号召。

当时轰轰烈烈的“扩红”运动中，兄弟、父子一起报名参军的非常多，当时的歌谣唱道：“父送子、妻送郎、父子一同上战场……”

在瑞金中央革命根据地历史博物馆展厅里，陈列着一张1934年5月30日第195期第三版的《红色中华》报，这张珍贵的报纸上有一篇报道和宣传画：瑞金下肖区一位老人的儿子“八兄弟一齐报名当红军”。这幅画虽然看似简单，但主题鲜明，它的宣传效果在当时的扩红运动曾引起较大的轰动，时至今日，留给我们心灵的震撼仍然是强烈的。这位老人是谁呢?

他就是苏区时期瑞金下肖区七堡乡第三村的老农民杨荣显。老人生有八个儿子，可在临终时却没有一个儿子守在身边……

下肖区七堡乡位于瑞金城西北十公里处，处在第三村的杨荣显一家祖上五代都是佃户人家，替人打工租田度日，加上他养育了八个孩子，靠租田度日的他，生活状况可想而知。

1931年11月7日，中华苏维埃共和国临时中央政府在瑞金叶坪成立。杨荣显家从此分得了自己的土地，一家人使出浑身的劲，种地打粮，支援苏维埃的建设。可是这种日子并没有过上多久，国民党反动派为摧毁新的红色政权，多次“围剿”红军，向根据地进发。为粉碎国民党对红军的“围剿”，中央政府发出“扩大红军”的决定，号召苏区青年踊跃报名参军参战。

这天，杨家老八急匆匆地从外头回来，激动地对家里人宣布：“白狗子（指国民党反动派的军队）打到家门口来了，我要去参加红军，打白狗子去！”

老三一听大声说：“八弟，我和你四哥、五哥昨天就去扩红报名处把名报了！你年纪太小，就留在家里种田吧。我们几个去就行了。”老八一听很不乐意，大声嚷嚷着一定要参军。老大说：“要参加红军先算我一个，弟弟们年纪小就不要去了，打仗是有可能牺牲的，指不定我就回不来了，爸岁数大了，家里还得留几个劳力种田养家呀。”

其余几个兄弟都不同意留下，争着要参加红军，保卫苏区这来之不易的革命成果。

正在争论之时，此时已体弱多病的杨显荣见儿子们个个满怀参军的热情，心中顿时百感交集。他既舍不得儿子们都去参军，又明白没有红军在前线战斗，百姓们就不会过上苏区这样的好生活。老人叹了口气说：“你们不要争了，既然前方需要，你们都放心参加红军吧，家里有我呢。你们在前线多杀几个敌人，平安回来就好。”说罢，老人流下了热泪。

几天后，杨荣显与儿媳孙子们一起为八个儿子送行。

反“围剿”的战斗是异常激烈的，杨家的六个兄弟都在战场上壮烈牺牲了。此时，担任总政秘书长的邓小平听说了杨荣显一家感人的故事后，对身边的人说：“苏区的群众太可敬了。他们是红色政权的坚强后盾，这个后盾不能垮啰，否则人民政权和人民军队就很难生存，就没有了生存的依靠，无论如何我们不能没有他们！”他建议中革军委能召回一个儿子照顾年迈多病的老人。最后，部队经过几番周折，终于在战场上找到了老七、老八。可哥俩说，等打完广昌这场战役再回去。可是就是这一仗，兄弟俩再也没有回来……

杨荣显一家八子参军，前仆后继，壮烈牺牲的事迹，是当年苏区扩红中的一个典型代表。这是红都瑞金人民倾尽所有，支援革命战争的一个缩影。

瑞金当年24万人，有11.3万人参加革命，青壮年参军参战，年幼的参加儿童团，妇女参加洗衣队；有5万多人为革命捐躯，其中10800人牺牲在长征途中，瑞金留下姓名的烈士达17000多名。不独瑞金如此，当年全赣南60万人参加革命，33万人参加红军，留下姓名的烈士达108000多名，寸寸红土地，遍洒英烈血！

1955年，中华人民共和国首次授予军衔，至1965年共授予大将10人、上将57人、中将177人、少将1360人。人们按照获得军衔的将军的籍贯排名，列出十大将军县，在这10个县中，江西就占了3个。分别是江西兴国54人，吉安46人，永新41人。

苏区人民踊跃参军的故事被人们不断传颂，苏区人民为革命胜利做出的贡献和牺牲感动和震撼着人们的心灵。

红井和红军桥

红井

在瑞金沙洲坝村子的附近，有一口井，被当地人称为“红井”。它的得名还记录着一段中国共产党和苏维埃政府密切联系群众的历史故事呢。

沙洲坝是个干旱缺水的村庄，当时这个地方有“挖井会破坏当地的风水”的迷信说法，因此没有哪家村民敢擅自开挖，群众平时要到几公里外的小河里挑水饮用，农忙季节只能挑村前的脏塘水。村外的

人都说："沙洲坝、沙洲坝，三天不下雨，无水洗手帕，旱死老鼠渴死蛙，有女莫嫁沙洲坝。"

1933 年 4 月，中华苏维埃共和国临时中央政府从叶坪搬到了沙洲坝。毛主席总是看到村里人挑着浑浊的河水往家里去，就派谢觉哉去了解情况。原来，此前当地人想过挖井，改善水质，但听风水先生说如果挖了井，十邻八乡都要遭殃。二来因为穷，那里偏僻落后的赣南乡村，填饱肚子都难，没有挖口井的财力和物力。毛泽东听完说"过去办不到的事，我们今天要办到，而且要办好。"

毛泽东召集全村的人开了一次解决饮水困难的村民大会。大会上许多群众说："这个地方不能挖井，挖井会受到报应，就是挖也不一定能挖出水来，这个地方是旱龙。"毛泽东听了，笑着对大家说："迷信不可信，这井我来挖。"

9 月的一天，毛泽东带领几个红军战士在村前几十米的地方进行了水源的勘探，并破土动工，群众见毛主席亲自在开挖井水，也纷纷带着工具一起动手，在挖到五米深的地方，一股泉水喷涌而起，井终于挖好了，并从干涸的河床上挑来了鹅卵石，用三合土垒砌了井壁。在井底铺设了过滤澄水的石砾和木炭，井水常年不干，清凉甘甜。从此，沙洲坝群众结束了饮用塘水的历史。此后，其他沙洲坝的村民也纷纷挖井，村民们的吃水问题终于解决了。

"红井"如同红军一样，也历经了许多坎坷。1934 年 10 月红军长征离开瑞金后，国民党反动派又卷土重来，为了消除红军和毛泽东对苏区人民的影响，国民党反动派多次填掉这口井，当地群众就同敌人展开斗争。敌人白天填井，群众夜晚又把井挖开，就这样填了又挖，挖了又填，反复好几次，沙洲坝人民终于取得了胜利。

饮水思源的沙洲坝人民将毛泽东带领军民开挖的这口水井进行了全面整修，并把这口井取名为"红井"，同时在井旁立了一块木牌，刻上"吃水不忘挖井人，时刻想念毛主席"十四个赤金大字，以后又将

◎瑞金沙洲坝村子附近的“红井”

木牌改为石碑。1961 年 3 月 4 日，该井被国务院列为全国重点文物保护单位。

如今，甘甜的“红井”水养育了一代又一代沙洲坝人民，也传承了不屈不挠、坚持不懈的革命精神。

红军桥

在瑞金城东六公里处的叶坪村，有一座木头搭建的桥，横跨奔腾咆哮的绵江河两岸，是洋溪村的主要通道。它的旁边是中华苏维埃共和国临时中央政府的驻地，即叶坪革命遗址群。这座桥被群众称为“红军桥”。这座桥是毛泽东、也是党和苏维埃政府与群众的“连心桥”。

1931 年 11 月 27 日，毛泽东在当选为中华苏维埃共和国临时中央政府主席后，日夜操劳国家大事，还时常不忘群众的生产生活，坚持群众利益无小事。他经常领着工作人员到群众中开展调查研究，体察群众的疾苦，寻求解决问题的最佳良策。

1932 年的一天，毛泽东赴叶坪村相邻的洋溪村去调查农业生产方面的情况，研究部署中央苏区经济建设工作。途径绵江河，发现架在河堤上的几块木板由于岁月沧桑和洪水的冲击已经腐烂。毛泽东等一行人小心翼翼地踏上了小木桥，随即桥身便晃晃悠悠，桥板吱呀作响。大家地从木板桥上走到对岸，毛泽东坐在河边上，习惯性地抽起烟，面无表情地看着眼前破烂不堪的小木桥一言不发。

毛泽东看见不远处赶来陪同调查的乡干部老谢，一边招呼一边焦虑地说："老谢你看，这座桥都成这个样子，再不修一修，说不定哪天就要塌了，人走在上面多危险呀！"

老谢不好意思地回答："最近农忙，没时间顾上了，再说，农忙也很难雇人。"毛泽东在了解情况后说："党的干部一定要急群众之所急，不能因为其他工作忙，而忽略群众的基本的生活问题，它将直接影响到农业生产和根据地的建设！"

毛泽东接着说："现在不好请人，我们自己动手。"

几天后，绵江河畔人头攒动，人声鼎沸，热闹非凡。乡干部领着修桥队伍来了。毛泽东异常高兴地领着工作人员和红军指战员也加入到修桥行列中。毛泽东与乡村干部一起抬木头、扛石块。老谢很不安地说："毛主席，您工作那么忙，这里由我们来做就行了。"毛泽东拍拍老谢的肩膀说："既然来了，就一起干吧，人多力量大嘛，早一天修好就早一天方便群众。"毛泽东和修桥群众只用了短短四天时间，抢在雨季到来前把桥修建好了。一座安装了栏杆的稳固的新木桥耸立在了绵江河上，两岸群众燃放鞭炮欢庆小木桥通行。

叶坪人民为了感谢毛泽东和红军指战员帮助他们修建新木桥，便把这座桥取名为"红军桥"，这称呼一直保留到现在。1980 年当地政府又组织全乡干部群众投工投劳，拆除旧木桥，建成一座安装铁栏杆扶

◎瑞金城叶坪村的红军桥

手，长 100 余米、宽 5 米多、高 8 米多，立有 8 个桥墩的水泥钢混桥，并在桥左端栏杆柱子上分别镌刻着“红军桥”的醒目字样。

少共国际师

红军长征中曾有过一支几乎全部由同龄人组成的部队：全师平均年龄十八岁，历任师长都是二十多岁，师政委肖华上任时年仅十七岁，在世界军事史上都极为罕见。这支部队叫做“少共国际师”，

“红小鬼”的战斗

少年有志报神州，一万虎犊带吴钩。浴血闽赣锐无敌，长征路上显身手。

这是解放军昔日的总政治部主任肖华上将的诗句。这首题为《忆少共国际师》的诗，将人们引向了昔日火热斗争的岁月。

1933 年 8 月，为响应中国共产党和苏维埃政府的号召，继续扩大红军队伍，壮大武装力量，粉碎敌人的疯狂“围剿”，保卫革命根据地，中央红军在博生县（现为江西省宁都县）组建了一支全部由模范青少年组成的特殊部队——“中国工农红军少共国际师”。少共国际师誓师大会在江西宁都隆重举行。6700 多名少年先锋队员手持土枪、梭镖和大刀，排着整齐的队列，高唱着《少共国际师出征歌》，光荣地加入了红军。

这是一支全部由少男少女组成的娃娃部队。这样一批“红小鬼”被组织起来，系统地接受革命思想教育，学习文化和军事技能，最后英勇地走上革命斗争的第一线，在苏区的反“围剿”战斗和长征中做

◎图为 1933 年陈毅（右）任江西省军区司令兼江西红色少年先锋队政委时，与江西红色少年先锋队省队长刘玉堂（开国少将）在宁都合影

出了重大贡献。

“少共国际师”是真正的“娃娃”组成的部队。当时全师的兵力大约为 8000 人，战士的平均年龄在十八岁左右，有不少是十四五岁。一些人入伍时还没有枪高。少共国际师第一任师长为吴高群，也不过二十岁出头。第一任政委冯文彬也是个二十多岁的小青年，而接替他的肖华只有十七岁。肖华听到任命后有些忐忑不安，于是去找当时任红军总政委的周恩来，请教这个政委要怎么来当，结果周恩来哈哈大笑说：“年轻人指导年轻人更有朝气嘛!”

后来，文武双全的肖华将国际师的政治工作搞得红红火火，他这个“娃娃政委”当得十分出色，在作战中也非常勇猛。1933 年 12 月，在黎川东南的团村战斗中，敌人以三个师的兵力发动了进攻。“少共国际师”和三师一部从左翼钳击敌人。肖华和师长吴高群冒着敌人的炮火，深入前沿指挥。傍晚，战斗将要结束时，吴高群正在指挥所旁的一棵大树下观察敌情，忽然一颗炸弹在附近爆炸，他的头部和腰部七八处负伤，英勇牺牲，年仅 23 岁。肖华热泪盈眶，他带领战士们向烈士宣誓：为牺牲的战友们报仇！把“少共国际师”的光荣旗帜永远打下去!

拼刺刀两人对付一人

少共国际师最初时期的装备非常简陋，在建军后的几个月中，这些少年只好拿着土枪和梭镖进行训练。后来，红三军团支援了一批缴获的枪支弹药，这才使得少共国际师有了可以作战的正规武器。在成军最初的几个月里，少共国际师对军纪、革命理想、军人知识、射击、刺杀、投弹等课目进行了认真培训，使得这些“红小鬼”很快就有了相当强的战斗力。

很快，少共国际师就迎来了第一次战斗。他们在闽北拿口与国民党军进行了一场遭遇战。少共国际师的一个营从两翼夹击，向国民党

军猛攻。当时，国际师的战士每人只有十颗用旧弹壳翻造的子弹。战斗开始不久，子弹很快打光了。子弹没了，战士们就与敌人拼刺刀。这些少年在身高和体质上都处于弱势，在格斗中，往往要两个人对付一个敌人。两个娃娃兵一个牵制，一个刺杀，让敌人顾得了东顾不了西。在这次战役中，国际师消灭敌人 300 多，并缴获了大量武器。

1934 年，少共国际师进入了残酷的作战岁月，他们虽然在黎川东南的团村战斗中打垮了敌人，但师长吴高群不幸牺牲。1934 年春，少共国际师由二十八岁的独臂将军彭绍辉出任师长，到该年的 5 月，少共国际师改称红十五师。隶属红一军团。但人们仍习惯地称之为“少共国际师”或“少儿师”。

光辉地走入历史

1934 年 10 月，第五次反“围剿”失败，中央红军被迫长征。在长征中，少共国际师与红一师、红二师担负起掩护中央纵队的任务，他们始终士气高昂。1934 年 11 月底，红军到达湘江，少共国际师由此迎来长征中最惨烈的战役。

在湘江之役中，少共国际师掩护军委纵队过湘江。当主力过江之后，少共国际师被敌军包围。这时，红一军团只好派部队重渡湘江，接应少共国际师过江。等到彭绍辉、肖华等渡过湘江之后，发现还有一个团没有过江，于是二人又率军杀回湘江，经过艰苦寻找，终于将这个团接了回来。

◎青年时期的彭绍辉

经过湘江的战斗，八万红军只剩 3 万多，少共国际师也从 5 千人减到 2700 人。接着，少共国际师与红军其他部队一起展开了漫长而残酷的长征。由于远离根据地，少共国际师难以得到地方青年团组织的支持，部队越打越少。

遵义会议后，为加强红军主力力量，红军进行了改编，少共国际师被编入红一师和红二师，这支光荣而特殊的少年部队由此走入历史。

少共国际师成为了历史，但这支特殊部队却涌现出了很多著名战将。其中独臂将军彭绍辉和“娃娃政委”肖华，在 1955 年被授予上将军衔；曾出任少共国际师团长的陈正湘，抗日战争时期在黄土岭指挥军队大获全胜，并击毙日军“名将之花”阿部规秀；而 20 岁担任少共国际师连长的黄定基，曾是红军特级杀敌英雄。1948 年，他所率领的八纵二十三旅率先攻破临汾，被中央军委命名为“光荣的临汾旅”。到全国解放，肖华、陈正湘、谷广善等许多从“少共国际师”走出来的“红小鬼”们经过血与火的洗礼，已经成长为共和国的开国将领。

十送红军

1934 年 10 月初，中央苏区核心区域的兴国、宁都、石城一线相继失陷……中华苏维埃共和国的中央根据地，由鼎盛时期的几十个县锐减到瑞金、于都、会昌等几个县。而此时，蒋介石的数十万大军正像一只铁桶一样围向瑞金……

“几十个县的大苏区，如今只剩下几乎一根梭镖就可以穿透的土地了!”陈毅痛心疾首地说。

10 月 7 日，中共中央和中革军委命令红军主力部队在瑞金、于都一线集结；10 月 8 日，正式确定了参加转移的部队，共计 8.6 万多人；10 月 9 日，红军总政治部发布《关于长途行军与战斗的政治指令》；10 月 10 日，压抑的军号声、急促的口令声、零乱的马蹄声、沉重的脚步声……

长征拉开了序幕。

百岁老人唱起当年送红军的歌

“一送红军，下了山，秋风细雨缠绵绵，山上野鹿，声声哀号叫，树树梧桐，叶呀叶落光，问一声亲人，红军啊，几时人马，再回山……”正如这首《十送红军》唱的，红军要长征了，苏区人民依依不舍，追逐相送，心比秋凉。瑞金县叶坪乡的陈发姑就是这万千群众中的一位。当年，陈发姑的丈夫参加红军走了，她则加入了村里的妇女工作队，整天为红军洗衣服、打草鞋。陈发姑一天能打四双草鞋，做一双布鞋，常常把眼睛熬得通红，肿得像个桃子。村里的女人都在做军鞋，鞋面上绣着字，用红丝线勾上边，很好看。能干的女人交一双，也有两个人合着交一双的，不会做的就用麻草鞋代替。

陈发姑天生一副好嗓子，红军要远征了，她和乡亲们跑到十几里外的瑞金城给红军送行，唱得泪流满面。在老人年过百岁的时候，还时常回忆这一幕，她还能打着有力的手势，闪着生动的表情，唱起当年的歌：“送郎当红军，阶级要认清，地主啊富农啊都是我们的敌人。送郎当红军，妹妹在家等，消灭了敌人啊，大家有田分……”

陈发姑唱着“送郎当红军”为红军送行，她的“郎”一走再也没回来——在长征中英勇牺牲了。老人一辈子无儿无女，1958 年叶坪乡光荣院建院时，她就被接来照料。2008 年的 9 月 12 日，这位百岁的老人在瑞金叶坪光荣敬老院溘然长逝。在她生前，常常用浓浓的江西话对人们说：“共产党好呀，共产党万岁。”

于都人民献出三年的口粮

如今，于都河水静静地流淌，河边“中央红军长征第一渡”纪念碑昂然而立。碑呈帆形，象征红军扬帆远征，高 10.18 米，象征中央红军于 10 月 18 日这天渡过于都河。纪念碑上刻着叶剑英元帅的一首诗：

“红军抗日事长征，夜渡于都溅溅鸣。梁上伯坚来击筑，荆卿豪气渐离情。”这是当年许多红军将士的感受。

长征前夕，苏区人民积极为红军准备各种物资，瑞金、兴国、长胜、西江等县区纷纷响应。瑞金一个月就筹粮 11600 担。到 8 月 15 日，新谷归仓时，瑞金又为红军集中起 50100 担稻米，土地税谷 10570 担。许多老百姓已顾不上考虑自家的生活，有一户仅有三担谷，拿出两担半给了红军。

而 10 月份在于都集结、出发的近 9 万红军将士更是得到了有力的支援，部队在这里驻扎了 9 天，走的时候每人要带一周的干粮，差不多三百多万斤的粮食，是全县三年的口粮。那时候，整个于都家家户户在做干粮，舂米脱粒的机器日夜轰鸣，煮饭的炊烟袅袅不断，有的村子烧掉了差不多一个山坡的柴草。而此前的 8 月份，为响应中央号召，于都已上交近八万担粮食。

1933 年 6 月 12 日，蒋介石为发动第五次“围剿”，专门炮制了一个《剿匪战术的要点》小册子，其中有这样的语句:“使敌人无粒米与水接济，无蚍蜉蚊蚁之通报。”在如此可亲可敬的苏区人民面前，蒋介石这样的训令成了一纸空文。而当国民党反动派得意地占领瑞金时，他们的心中却非常明白：“这里的百姓连骨头都是红的”。

门板渡河

1934 年 10 月 16 日，重阳之夜，是一个秋风瑟瑟的夜晚，中央红军夜渡于都河。于都城真正是“夜不闭户”，因为这时已无户可闭——所有门板、店铺挡板、床板，甚至棺材板全部献给红军，拿到于都河上搭了浮桥。当时的八个渡口，有五个是临时搭建的浮桥。所用的木料是一个无法计算的数字。

于都县城东门有户姓曾的老大爷，儿子参加了红军，儿媳生孩子刚满月，他将家里所有的门板扛去架桥又将自己睡的床板贡献了出来，

在地上铺了稻草，上面垫上草席，就地而眠。10 月 13 日，曾大爷听说架桥工地上缺门板，回来跟家人商量，家人为难地说："哪里还有门板罗？各家各户都捐出去了。"曾大爷一听："是啊，可是现在情况紧急，红军就等着这几块门板铺桥呢！"曾大爷为找门板急的团团转。突然，他想起了一件事，高兴地说："呃，我看呐，不如将给我准备的那副棺木拆了，给红军送去？"说着从屋角拿出了一把斧头，老大爷不顾家人阻拦，把棺木拆了，将寿木送到架桥工地。

正在架桥的工兵连长知道了此事后，向前来工地视察的军委副主席周恩来汇报，周副主席感慨地说："苏区人民真好，于都人民真亲呀！"

留下个伤员当儿子吧

苏区人民在献出自己的儿子、丈夫、粮食的同时，再次敞开胸怀，接纳了近万名红军伤病员。红军准备撤离，伤员都坚决要跟部队走。他们联名上书，很多伤员蘸着血写下"死也不离开部队、立即上前线与敌人拼到底"的誓言。周恩来、陈毅等领导都非常感动，为了让伤员能留下来安全地养伤，他们想了很多办法，用文件的方式发了八条要求，要求接纳红军伤员的人家必须是可靠的、山区偏远的等，并在粮、钱、物上尽最大限度满足所需。

当时，中革军委已决定让负伤的陈毅留守，担任中华苏维埃共和国中央政府办事处主任，伤未痊愈的陈毅到乡亲家做工作："老表呀，留下一个吧，家里没有儿子就当个儿子，没有女婿就招为女婿，实在不行，就当个长工使。"国民党反动眼看就要攻占苏区。这是一种多么巨大的无奈呀。

然而，苏区人民没让陈毅失望。瑞金和于都是当时收容伤员最多的地区。于都县砂星区是当年保护和安置红军伤员的模范区。刘发娣老大娘一家就住了 12 名红军伤员。老人的儿子曾回忆说："我父亲是红军烈士，母亲对红军的感情特别深。我那时只有七八岁，母亲把伤员藏进地窖。吃饭时，悄悄送进去。一年后，有10名伤员基本上能行走了。我们家有6个孩子，要照顾12名伤员，还要种地，母亲非常辛苦。”

于都县庵山村当年是一个只有三户人家的小山村。红军伤员钟家瑶、刘义才和钟桂春，就隐藏在杨大娘家旁边的山洞里。当时，家里只剩下一担半谷子，杨大娘就每天让红军伤员吃一顿大米稀饭，而她和小孙子顿顿用红薯和芋头充饥。为使伤员伤口尽快好转，杨大娘经常上山采草药，精心照顾，使这三名伤员全部痊愈。

那些伟大的母亲们，倾其所有，呵护着子弟兵们。许多伤员很快恢复健康，补充到独立师团，去继续游击战争。1935年2月中旬，瑞金和于都面临着敌人残酷的逐家逐户的“清剿”，母亲们再次冒着生命危险，掩护伤病员转移进山，或者将他们认作自己的“丈夫”、“儿子”、“女婿”。

此时，长征路上的红军已在遵义会议的指引下，目标明确地继续北上……

第五章

亲历与回忆

在赣南闽西这片红色革命土地上，每天都在发生着新的故事与传奇，我们虽然没能参与其中，但我们可以通过阅读见证过这段历史的革命先辈的回忆，来领略一个个关于这片红色土地的传奇。

朱德：进军赣南闽西

朱德，伟大的马克思主义者，无产阶级革命家、政治家和军事家，是中国共产党、中国人民解放军和中华人民共和国的主要缔造者和领导人之一。中华人民共和国十大元帅之首。

朱德时任红四军军长。1929 年 1 月，朱德和毛泽东率红四军主力下山，向赣南闽西进军。

我们有计划地准备，做了“下山”的广大的动员工作。大家也都喜欢下山。就从罗霄山脉南岭支脉的左侧偏江西一面打出去。每天行军五六十里路，一面还做群众工作，打破了几条封锁线，一直向西南

◎朱德元帅像

走，沿着上犹占领了崇义城。在这些地方都是来来去去很多次了，各方面都有了相当的组织，一打到大余便去占领了。

这时从广东、江西各面调来8个师的兵力，向我们几方面截，几方面堵；原下山时只有四千多人，我们沿途却扩充了些，队伍已壮大；到了大余一带，就又舒服起来，生活也改善了，打了土豪……本来准备住那儿休息一天就走，谁知一停顿下来两三天……在1月28日，赣军三个团、广东几个团来围攻了。这时我们不该打，应急行撤走，结果又打了，又并没有集中力量打。死伤了二三百人。退下来更是比较困难，临时退出，幸亏队伍的团结性还强，便分成两路，一部分走梅岭关，一部分顺着梅岭山脉走山左边到乌迳集合。

在乌迳遇了很大的危险。我走江西一面赶到这里来会合。那是一处有广大树林的田坝子。一路上遭受着敌人的截堵，处处打仗，没有一点地方不是。到了乌迳天也要黑了，都很疲倦了。就讲讲话开开会，就都在平坝子上露营了，可是当时敌人却来了。正在晚上九点钟，我们丝毫不晓得，还以为敌人也十分疲乏、正休息整理准备进攻——就在这时，这里地方党支部派出去的侦探把这消息带来了。我们即刻惊起出发，连号都没吹，是冬天露营，所以说走就走了。敌人来时平坝子已是空荡荡的了。这次红军的命运那是极端危险的了。如果没有地方党的支部，那一下就会被敌人搞垮了。

从那里到一处，是广东、江西交界处，走拢去将将天亮。我们又到了信丰河岸上，河很宽，不知道能不能渡过去。这时一面派人到前面看河，因为已入山地：一面以强大部队放在后面。敌人追来，在一个山口上，一仗把他打垮了，就涉水过河，从此出了危险境界。

人都十分疲倦了。有一个第十师二十八团的政治委员何挺颖同志在大余作战负伤，抬下来到这儿就死掉了，那是很可惜的了。

我们集合跟着山走，山路很小，沿途土豪组织的团防也给了很多为难。不过还好，在路上个别的碰上了几个同志，替我们引路。敌人在这时不敢一定靠近，同时也不知道我们究竟在哪一块山里走。我们就跟着南岭山脉一下转到江西，一下转到广东，一下转到福建，那边一来，便又转到这边来，后来在江西的寻乌又打了一仗。

那一天，本来我们走得很早，谁知路上却迟了点把钟，到那里被敌人发现了。当时已经有一部分通过了，敌人追来一打，受了些危险，掩护部队非常之少，只好临时集合起来，掩护着走。敌人很快地追近来，陈毅同志几乎被捉到。敌人一拼命抢毯子、抢东西，他才逃掉了。我便带了一个警卫班打后卫，一下十几里，一班打得只剩下三个人了，还掩护了十几里路。这时队伍在前面集合起来了，敌人顺着大路猛追了去。我们三个人一插，从一条侧路走去，跑到山里一个有组织的农村，那里很好，农民们又引路到前面去。我和毛泽东同志都和部队走散了。队伍都非常着急，我们到了，大家才放心集合到山上去休息。只休息了一天，整理了一下。

在这一次，和我同居不过几个月的伍若兰同志，让敌人捉去杀了头牺牲了。她是湖南人，一个师范学生。她在耒阳暴动中当妇女部长，是一个很能干的女同志，党的观念、政治、文化方面都很强……

到了罗浮山休息、在罗浮场有几所很好的房子，在困难中间得到这样舒服的休息一天，是很难得的。第二天又出发，想回头向会昌去。路上捉到几个敌人的侦探，一审讯知道敌人正在该处齐集，我们就向福建武平一挥，后面追赶的敌人以为我们过福建去了，他们也犹豫了，因为他们跑得也很疲乏，谁知我们拐了一个弯，一下又折回头插到了江西瑞金。

我们准备打开瑞金，想找点报纸看了，好分析时事问题。我派了一部去打瑞金城，另一部在山上预备。没有两点钟就打开城，报纸也搞到了。等敌人援军来，我们就退走了。下午，又打了一仗，一退到了大柏地。决心在这儿打击敌人，可是等了一天，敌人并没来。将将折回大柏地休息，他们又来了。正是过旧历年的晚上，老百姓都在过年，我们却没有钱用。这一夜没有到拂晓，便拼命地一打，就打开了。敌人有两个团的兵力，追了好久，不过一点钟光景，就把敌人包围在里面，枪也都缴到了。敌人一共有一个旅，其余的人也打垮了。谁知缴到的净是一些烂棒棒枪这些赣军遭受了打击，到处乱窜。另外在后面本有朱培德的五个团，一起来追。可是因为那里头有我们的同志，便鼓动不肯追了，士兵都吵着要饷要过年，就停止驻在瑞金了。

这边一个旅被打垮了，增援的也没来。我们就再走，下起大雨，路又滑，大家又得抬着伤兵……

到宁都，绅士、群众知道我们打了大胜仗，都开城来欢迎。我们进去休息一天，也是很规矩。商会在屋顶上高插着一面红旗欢迎，并且送了我们五千块钱。我们住了阔气的房子，有铜床、穿衣镜，西式房子。我在这里却生了病，发热热得不得了。第二天知道敌人又来追击，顶多隔着一天路程，便又开拔走。再看看敌人前头到离城四五里处，我们的后卫就动身了。总之我们要让他们追赶不上，要同他们隔离一天路程。这时，我们是想往有组织有游击队的地方走。从宁都到黄陂、小布、东固，一路都有党的支部，都没打什么仗。

敌人一开到宁都，士兵又不肯往前走，纠缠了有一个星期之久。这时从农民运动中，把一些地方红军又好好搞起来了。这些底子，还是南昌暴动时留下在那儿活动的。这样一来，我们的势力又大了些，那里本有地方一个团，再加上我们两个团。追击的敌兵疲惫了，同时也知道我们会合，力量增强，不敢来打了。另外由南昌拨调队伍来打。

休息一个星期，等敌人靠拢，我们还是不打，这时部队除了伤亡有四千零几十个人。自江西一插到福建，又一个倒转折回横田，将将插到瑞金，只距离敌人三里路。我们趁夜晚十二点出发，瑞金驻有敌人不多。我们走到前面，不能前进了，因恐被敌人发现，乃由山上边插过去，路上碰到驻守的两连敌兵，解决之后，又插到福建去了。

这天晚上，到了一个地方，将将睡好——那是很黑的一晚，一个侦探很确实地来告诉说："敌人来了！"我们却都不相信，把他说了一顿。谁知敌人在外面就打响了。他们是由汀州打过来的。这时，我们就下决心打，就趁晚上赶紧布置好，早些爬起来，就打起来了。一打打过去了。开头一枪打死敌人一个团长，没几枪敌人就乱着溃退下去啦！再向前一逼，把这个团整个的搞垮了。天亮了就走，追上了四五十里路，再休息就没有事了。我们决定去打汀州。那一天，出发很早，敌人迎头来打我们的也向我们走。还好，我们早一步先到山顶上。敌人刚刚要上山，我们劈头一打，只用一营人，把他两团赶在河沟里，一打打垮了，追到河边上，在那些死尸中间，打死了一个大胖子，这边看到他倒下去。那时，我们是不准士兵搜腰包的，有的士兵搜了，怕被人发现，就把他打死。他身上戴着表，很阔气。后来知道是师长郭凤鸣……我们立刻脚跟脚地又追，就去打了汀州。这里是郭的老巢。在那里只有他的留守部队，他们也还不知道前面是打了胜仗，还是打了败仗，我们一到，很容易地打下汀州，把兵工厂、被服厂、子弹等等都搞来了。同时还收编了他的队伍。汀州城是很大的。我们也找到报纸，拿来一看，才知道原来在瑞金尾追我们的部队调到武汉去打仗了，才晓得这个郭凤鸣只是一个替死鬼。

我们一下把郭势力所据的几个州县都搞来了。

……

这以前敌人攻击我们的，广东有两个师，朱培德一个师，还有福建两个师……在这一段里有三个月，从阳历年出发到大柏地过旧历年。

那是顶紧张顶有趣的一段，到处都是小山，小仗天天有的打，团防常常向我们打两枪，那都是常事。我们在这时间里，打破了朱培德所指挥的“久困穷追”的计划。

摘自《朱德自述》

彭德怀：揭露伪造信件，粉碎第一次“围剿”

彭德怀，中华人民共和国十大元帅之一，是德高望重的老一辈无产阶级革命家、军事家和政治家，中国共产党、中华人民共和国与中国人民解放军的卓越领导人之一。

彭德怀时任红三军团总指挥。

◎彭德怀元帅像

……

三军团在峡江、樟树之间东渡赣江之后，根据毛主席提出的粉碎敌军（十万）第一次围攻的军事方针，是“放开两手，诱敌深入”，把敌人引到苏区根据地内来打。这是一个深谋远虑、稳当可靠的战略方针。在没有大规模作战的经验以前，第一次对付这样大的敌人的进攻，需要取得作战经验。

但是，当三军团逐步向永丰以南之黄陂、小布地区收缩时，越转向苏区中心地带，越见不到群众，甚至连带路的向导也找不到。部队普遍怀疑这是什么根据地，还不如白区。原来是江西省总行动委员会（省委）对“放开两手，诱敌深入，大量消灭敌人”的方针提出异议，说这是右倾机会主义，是退却路线，而不是进攻路线。他们的方针是“打到南昌去”，同总前委的决定是针锋相对的。他们始终对红军进行封锁、欺骗，控制群众，不要群众和红军见面；继则散发传单，发表什么告同志书，写出大字标语：“拥护朱彭黄，打倒×××”，这就不简单是党内路线斗争，而是分裂党、分裂红军了；由党内路线斗争，转移为敌我斗争了，这当然会为AB团所利用。大敌当前，如不打破这种危险局面，就不易战胜敌人。这时，三军团驻在东山坝，总前委驻在黄陂，相距六、七十里，敌军已分路进入苏区边境，三军团处在一个关键地位。

正在考虑如何打破这种危险局面，1930年12月中旬×日夜半，三军团前委秘书长周高潮，突然送来毛泽东亲笔写给古柏（毛主席秘书）的一封信（毛字另成体，别人很难学）。信中大意是：要在审讯AB团（反革命组织）中，逼供出彭德怀也是AB团，我们的事情就好办了。另有近万字的告同志和民众书，我现在还记得头一句就是：“党内大难到了！！！×××叛变投敌”，一大串所谓罪状，其内容无非是右倾机会主义哪，投降路线哪。我边看边对周高潮说：“送信的人呢？”他说：“在外面。”我说：“是一个什么人哪？”他说：“是一个普通农民青年。”我说：“请他进来。”

我看了信和传单，还未见周进来。我想这封信送给我，其目的在分裂一，三军团，拉三军团拥护省行动委员会。看样子不只送给我一个人，还可能送给朱德和黄公略等同志。如果真的送给了他们，这是一个最大的阴谋，处理稍一不慎，也可能产生一个最大的不幸！当时在我的脑中回想着毛泽东同志建设工农革命军、建设井冈山根据地，传达“六大”决议、争取袁、王联盟、严肃批评乱杀两个群众的事；关于当时不应该留五军守井冈山的自我批评；特别是古田会议决议，这一切都是正确的方针、政策和政治家风度。毛泽东同志决不是一个阴谋家，而是一个无产阶级政治家。这封信是伪造的，这是分裂红军，分裂党的险恶阴谋。

约过半小时，周才来说："送信人走了，追也追不到了。"我说："送信人就走了吗?"他说是的。我想，这样重大事件，不派重要人来进行商谈，而派这样一个普通送信人员，既不要回信，又不要收条，这才怪咧！更证明是阴谋。如果有人把敌人阴谋信以为真，可能造出无可补偿的损失。周在桌上拿起伪造信看着，我问："你看怎样?"周答："为什么这样阴险呀!"我说："明天九点召开紧急前委会议讨论这件事，除前委同志外，团长、政委、主任、参谋长都参加。"周说："已经两点了，是今天九点吧?"我说："是今天九点"。立时把滕代远、袁国平、邓萍同志请来，把信给他们看了，说明这信是阴谋，他们一致同意这看法。代远说："好危险呵！这是一个大阴谋。"我们和总前委相距有六，七十里，请示来不及，怕发生意外事变，我当即写了一个不到二百字的简单宣言，大意是：富田事变是反革命性质的；打倒毛××，拥护朱彭黄，这就是阴谋分裂红军，破坏粉碎白军进攻的计划；一、三军团在总前委领导下团结一致，拥护毛泽东同志，拥护总前委领导。代远叫我：吃饭哪！我说："还有几个字没完。"把宣言给他们看了，他们都同意我的看法。

一会儿，开会的人到齐了，我把那封伪造信和告党员及民众书，先给到会人看，读给他们听，又把昨晚送信的情况，同滕、袁、邓谈了（当时对周高潮有怀疑。对周进行了分析：周是大约十天前由行动委员会介绍来的，不过不是AB团，是立三路线者），决定把三军团的宣言和那封假信派一个班送到黄陂总前委去。此事交给邓萍办了。我和代远、国平到会场，大家正议论纷纷，有的激动紧张，有的怀疑。一进门，杜中关这个"张飞"说，"好大的阴谋!"我说"是呀!"周高潮宣布开会，要我先讲。我说：富田事变提及革命的暴动，伪造信件，陷害同志，企图分裂一、三军团，破坏总前委粉碎白军进攻的计划，公开宣传打倒毛××，拥护朱、彭、黄，这不是党内路线争论，而是反革命的行为，是 AB 团的阴谋毒计。省行委是 AB 团统治的，其中有立三路线者同它结成同盟。这封假信是富田事变的头子丛永中写的，他平日学毛体字，学得比较像，但是露出了马脚——毛泽东同志写信，年、月、日也是用汉字，不用罗马字和阿拉伯字。

我讲这段话时，黄公略同志来了，大概听了十来分钟就走了。会后我问邓萍同志，公略来干吗？邓说，他没说别的，只说："老彭还是站在毛这边的。"他就走了。

我继续说，从战略方针来看，我赞成三军团编为第一方面军的建制，统一指挥，这是革命的需要。长沙撤退后，我赞成在湘赣两江间机动。现在军阀战争停止，蒋介石、鲁涤平以十万大军来进攻，为粉碎它，就必须谨慎而又有把握地打败它。诱敌深入，利用山地，依靠群众，增加自己战胜敌人的有利条件，这是完全正确的，我完全拥护这一方针。如果违抗这个方针而又坚持自己的错误方针，总前委即可撤销我的工作，何须用阴谋办法呢？我们对邓乾元也不过是撤销了他的职务吧。我还说了毛泽东同志在传达"六大"决议时的认真态度和由瑞金到鄠都间，对有人错误地杀了两个群众的严肃批评。讲了这些话以后，到会同志的情绪转变过来了，把愤恨转到对富田事变，通过了宣言：反对反革命的富田事变，打倒 AB 团；拥护总前委，拥护毛政委；一、三军团团结一致粉碎国民党进攻。通过这件事，提高了部队的思想觉悟。

第二天，我们将三军团开到小布，离黄陂总前委十五里。我亲自去请毛政委来三军团干部会上讲话，使三军团干部第一次看到毛政委。这一切都是为了反对富田事变，巩固总前委的领导。三军团前委宣言发布以后，过了几天，反动的省行动委员会过了赣江，到永新去了。因为这个阴谋挑拨失败了。那次他们也写了同样的假信给朱德同志，他也把假信拿出来了。白军前线指挥张辉瓒发生了错觉，以为红军内部分裂了，迅速进到龙岗，全师被消灭，他本人被俘。"前头捉了张辉瓒”，成了今天豪壮的诗篇。张辉瓒是主力师，他被俘之后，敌全军动摇，给了我顺次各个击破敌人的良好机会。第一次反“围剿”胜利了，被欺骗的群众觉悟了，立即回家替红军带路、运伤兵。毛主席的战略方针胜利了，建立了以后人民群众对红军的信任。

摘自《彭德怀自述》

粟裕：经受了王明“左”倾错误的反面教育

粟裕，中国现代杰出的革命家、军事家、战略家。建国后曾任中国人民解放军总参谋长等职，1955 年被授予大将军衔。

粟裕时任红十一军参谋长，红七军参谋长兼二十师师长。

◎粟裕将军像

第三次反“围剿”结束以后，王明“左”倾错误已扩展到中央苏区，毛泽东同志被排挤出红军领导位置。第四次反“围剿”虽取得了胜利，而王明“左”倾错误并未得到纠正。在此后的一段时期内，红十一军同其他兄弟部队一样，奉命进行所谓“不停顿的进攻”路线，举行过多次作战，都因战略方针和作战指导思想上的错误，付出了重大的代价。红军日益丧失了战局的主动地位。

五月份我们在硝石打了一仗。硝

石地处江西省东部，驻军是湖南“马日事变”的刽子手许克祥部的一个师。我们是仇人相见，仗打得十分激烈。二十八师攻击敌人一个山头，攻不下来，肖劲光同志和我赶到前沿，部队奋力攻击，敌被打垮了，我军乘胜猛追下去。但敌第二梯队的一小部分突然从我们的后面打了过来，这时我们手上已没有部队，我立即带领身边的警卫人员冲上前去堵截，这股敌人又被我们挡住了。但敌人的一枪打中了我的左臂，动脉血管的鲜血喷出一米多远，当场昏死过去了。幸好身边的警卫员是懂得一点急救常识的，他立即用绑腿把我手臂上部扎死，血才止住。同志们找来担架，冒雨把我送到二十来公里外的救护所去。山路崎岖难行，走了三四个小时才到。因绑带扎得紧，加上一路下着大雨，到了第二天我的手臂肿得象腿一样粗。由于伤势严重，我又被转送到军医院。医生一检查，子弹是从左前臂的两根骨头中间打穿过去的，两边骨头都伤了，还打断了神经，而且已经感染，出现坏死现象。因此医生主张给我锯掉，他们说如果不锯掉，就有生命危险。我想如果只剩下一只胳膊，在前线作战该多不方便，我坚持不锯。我对医生说，即使有生命危险，我也不锯。就这样，坚持下来了。现在这只手虽然残废了，但还是可以帮助右臂作一些辅助动作哩！但是伤口随即就化脓了，需要开刀。那时药品缺乏，设备简陋，技术水平低。解放后有人问我，你开刀用什么麻药？我说哪里有什么麻药，麻绳就是麻药。为了固定受伤部位，用根麻绳绑在凳子上，让医生施行手术，咬咬牙也就过来了，倒没有觉得太痛，反是手术后吃了大苦。当时技术水平差，手术后用蚊帐布剪成二指宽、五六寸长的布条子，放在盐水里泡，每天早晨从子弹的进口处捅进去，第二天又从子弹的出口处抽出来，再从进口处放进一条。捅来捅去，伤口长不拢，反而长了一层顽固性的肉芽子。医生又用个小耙子，把肉芽耙掉，这样捅来捅去、耙来耙去，伤口好几个月也长不拢。我见到其他同志一个又一个地重上前线去了，真是心急如焚。在医院时还遭到过敌人一次袭击，险些遭了殃。记得那天正是赶集的日子，敌人的便衣队突然袭来，医院的同志们立即分散四处隐蔽。我一跑出来就被四个便衣队员紧迫不放，我一口气跑了十多公里，才甩掉了敌人。后来送到了方面军司令部的手术队治疗，到了那里用了碘酒不到半个月就好了。碘酒就是当时最好的一种外科药品了。这是我第四次负伤。1933 年 11 月我伤愈出院，返回部队。这时第五次反“围剿”已经开始一个多月了。红十一军也已改编为红七军团，下辖第十九师、第二十师、第二十一师。寻淮洲任军团长。我任军团参谋长兼第二十师师长，刚回部队，十一月十一日就参加了浒弯、八角亭战斗。

浒弯、八角亭在靠近敌人战略要点抚州的金溪县。浒弯的敌人是冷欣的一个师，辖五个团。中央军委命令红七军团由正面攻击，袭取浒弯，三军团迂回其侧后。我们向敌发起攻击，敌人在八角亭固守，与我们形成对峙。我率领的第二十师编制不充实，全师只有二千多人，而攻击正面近 10 公里，故我们只能作一线式配备。第二天敌人发觉了三军团进攻其侧后，便倾全力向我师和十九师的方向猛攻。我军奋战两昼夜，浒弯未攻下来，被迫撤出战斗。

这是一场恶战，这次作战从战役指挥到战术、技术上都有教训。战役指挥中通讯联络差，军团之间未能协同配合，当三军团迂回到敌后，向敌人猛攻时，我们不知道；而当敌人向我们这边猛攻时，三军团又不知道，所以未能配合上，打成了消耗战。从战术上看，敌人在向我发起反击时，派飞机、装甲车协同步兵作战，这是红七军团未曾经历过的。五十八团团长是一位打游击出身的干部，人称“游击健将”，打仗很勇敢，但从来没有见到过飞机轰炸的场面。敌机集中投弹，他叫喊：“不得了啦，不得了啦！”其实他不是胆小怕敌，而是没有经过敌人空袭的场面。十九师是红七军团的主力，战斗力强，擅长打野战，但没有见到过装甲车，这次敌人以两辆装甲车为前导冲击他们的阵地，部队一见两个铁家伙打着机枪冲过来，就手足无措，一个师的阵地硬是被两辆装甲车冲垮。我师也打得很剧烈。师部阵地一个机枪排，一个警卫排，打到最后只有机枪排的一挺机枪，还有七十多发子弹，机枪排长舍不得打，我狠下心，上去一下子给打光了。敌人还是以密集队形向我们冲来。我们就推倒工事，用石头砸，一直坚持到黄昏。敌人的攻势停止了，我们也撤了下来。此时和军团部的联系已经中断，我们沿着背后的抚河岸边撤了下去，以后才找到了军团部。

这一仗给我留下了很深的印象，它说明随着战争规模的扩大和敌军武器装备的变化，我军的战术、技术也需要相应地发展。所以，我历来主张要给部队讲真实情况，让部队了解敌人。由于受“左”的影响，有一种倾向，就是不敢实事求是地讲敌人的力量。到了十年动乱时，更是发展到登峰造极，谁讲了，谁就是“恐敌病”，扣上各种帽子。进口的国外军事战争片子，也不敢在部队里放，怕引起部队的恐慌。这样是很危险的。当时我就曾不止一次地说过，与其将来打响了再“恐慌”，不如现在“恐慌”，现在“恐慌”可以做工作，研究对策，战时恐慌就晚了，来不及了，就会打败仗。

浒弯战斗后，我们部队活动于清流、归化、将乐、沙田一带。军委给我们的任务是拖住福建方面的敌人，不让敌人向江西方向增兵，我们的兵力不多，不能打规模大点的运动战了，于是我们打游击性的运动战。我们占领交通要道附近的重要山头，监视着敌人的行动，当敌人向江西方向运动时，就打出去，截住敌人，以吸引敌人回援。为牵制敌人行动，我们还以奔袭的方式打进了永安县城。永安县是敌鲁涤平部的后方，县城周围有城墙。同第二次打长沙相比，这时我们已经懂得了一些攻城的技术了。我们没有炮，搞到了黑色炸药。于是我们就挖坑道，一直挖到城墙脚下，另外把黑色炸药装进一只棺材，上面填上土。伪装出殡，抬到城门口，点起引信，把城墙炸开了一个大缺口，部队也已从坑道接近到了城边，一鼓作气，打进了永安县城。但是在王明“左”倾错误支配下，这些局部的、个别的胜利，都无助于粉碎敌人的第五次“围剿”的斗争。

当我回到七军团时，王明“左”倾冒险主义的统治已经扩展到了野战部队，部队里的气氛远不是过去那样活跃、舒畅了。军团政委肖劲光同志抵制错误，被撤了职，换上了一位积极推行王明“左”倾冒险主义的政委。还有一些好同志被无端地撤换了。我则被这位政委扣上了“反政治委员制度”的帽子，长时期地受到限制和监视。这件事说起来是很荒唐的。我们在闽赣边执行牵制任务时，阻击了向江西前进的敌第四师李默庵部，消灭了一部分敌军。我从前沿跑回来请示是否继续追击。当时军团长和政委坐在一根木头上，军团长说：“好，好，好!”表示要继续追击，政委没有作声，我以为他同意了，一转身就走。他突然跳了起来大叫：“站住！政治委员制度不要了！回来！回来!”我们只得停止追击。当晚军委来电批评我们为何不继续追击，他才没有说的。但他却从此把我作为反对政治委员制度的危险人物加以限制和监视。我第一次见到这位政委是在浒弯、八角亭战斗以后，那时他刚来七军团上任，军团部在一个庙里开大会欢迎他，请他做报告。恰巧这时我从战场回来，军团长见我到了会场门口，便走出来同我打招呼，刚简单谈了几句话，他就在台上拍桌子大骂：“我在作报告，哪个还在讲话?”当时他还不认识我，竟对军团长如此态度，显然是要当众耍一个下马威。

自我到红十一军、红七军团工作以来，感受最深的是王明“左”倾冒险主义对革命事业的危害。同样的部队，同样的武器，在正确路线指引下，在高明的统帅指挥下，就打胜仗，反之，越打越被动。当然革命的进程是势不可挡的，但人民和指战员们要为此而多付出无数的鲜血和生命。

1934 年 7 月，中央为掩护红军的战略转移，命令七军团组成北上抗日先遣队，向蒋介石腹心地区闽浙皖赣进军，执行牵制任务，创建新的苏维埃根据地。7 月 7 日，当我离开瑞金时，我的心情是复杂的。

第五次反“围剿”已进行了九个多月，败局已定。我们即将远征，中央苏区的前景使我们分外关切。主力红军下一步的行动更一无所知。聊以自慰的是，我在毛泽东、朱德同志领导下学会了带兵打仗。我参加了建设井冈山根据地、开辟赣南闽西根据地和中央根据地的斗争，经历了反“会剿”、反“进剿”、反“围剿”的战斗，党和人民给了我很重的担子，我不能辜负毛泽东、朱德同志的谆谆教诲和培养，我不能忘记养育我成长的根据地人民，我要对得起无数的革命先烈。就这样，我怀着革命事业最终一定会胜利的信念和克服一切困难的决心，又踏上了漫漫的征途。

1934 年 10 月，由于王明“左”倾冒险主义的错误领导，中央苏区第五次反“围剿”遭到失败，中央红军主力被迫从苏区的西南方向突围，进行战略转移，开始了二万五千里长征。在这次战略转移之前三个多月，中央派出一支部队，举起北上抗日的旗帜，从中央苏区的东部出动，向闽、浙、赣、皖诸省国民党后方挺进。这支部队，就是人们常常提到的红军北上抗日先遣队。

这次北上行动，经历了两个阶段。1934 年 7 月初，红军第七军团受命担负抗日先遣队的任务，从瑞金出发，先后转战于闽中、闽东、闽北、浙西、浙皖边和皖赣边，10 月下旬到达闽浙赣（即赣东北）苏区，这是第一阶段。11 月初，红七军团与原在赣东北的红军第十军合编为红军第十军团，继续担负抗日先遣队的任务，转战于浙皖边、皖赣边和皖南，这是第二阶段。两个阶段共历时六个多月，行程二千八百多公里，沿途且战且走，先后进行了樟湖坂、福州、桃源、罗源、庆元、清湖、大陈、分水、旌德和谭家桥等三十余次重要战斗，一度震动了福州、杭州、徽州、芜湖以至蒋介石的反革命统治中心南京，对于宣传我党抗日主张、推动抗日运动发展，扩大党和红军的影响，以及策应中央红军主力战略转移，都起了积极的作用。广大指战员在极端艰苦的条件下长途跋涉，孤军奋战，以大无畏的革命精神，谱写了一篇雄伟壮烈的人民革命史诗。然而，在蒋介石调集大军不间断地围追堵截下，由于王明“左”倾错误的领导，这次进军始终难以摆脱被动的处境，最后招致了在怀玉山的失败。

今天，重新回顾这段历史，使我感怀至深。红军广大指战员那无与伦比的勇敢顽强精神和革命英雄气概，我们应当永远继承和发扬。同时，王明“左”倾错误所造成的恶果，用烈士鲜血换来的沉痛教训，值得我们永远引为鉴戒。

摘自《粟裕战争回忆录》

何长工：红军大学起瑞金

何长工，无产阶级革命家，军事教育家。

何长工时任红五军团十三军政委，红军大学建立后，被任命为校长兼政委。

回到红校工作一段之后，于 1933 年夏秋间，根据我军武装和技术的发展，需要增设新的学校。中央军委决定要扩编改组红校，让我筹建红军大学。一提起大学，人们总是要和繁华喧闹的大城市联系在一起。可这所大学倒也特殊，它既不在城市，也不在村庄，而是在瑞金西郊没人居住的山沟里，名字叫大树下的地方。这里，苍松掩映，泉水淙淙，环境雅静。我们经过现场勘察，由我和几个同志设计，当年我在比利时学点建筑本领，如今才有机会得到第一次的运用。此后，上级又拨给两个劳改连建造校舍，在政府和群众的热情支持帮助下，再加上红校工作人员和学员的创造精神，不久校园里一栋栋在苍松翠柏环抱下的两层楼房拔地而起，那边小小的山岗上是防空掩蔽部，这边是课外活动的中心——俱乐部，还有模型室……这欢腾的森林中的大学，把这万年沉睡、僻静的山沟唤醒了。我们看到用辛勤的汗水建成的我们党培养红色指挥员的最高学府，有谁不心花怒放呢！

同时，红校还分编彭杨步校（第一步校）、公略学校（第二步校）、特科学校还有通讯学校等。已经办了六期的红校，不论对部队建设，还是对军校建设，都起到了酵母和种子作用。

红大于1933年冬开学，军委任命我为校长兼政委。红大当时组织极为简单，分高级指挥科，上级政治科，指挥科，参谋科，后勤科，附设教导队、高射队、测绘队。专职教员仅有16人，其他均由中央负责同志和中央各部门的负责同志兼课，或从前线回瑞金的将领来校作报告，如，周恩来、朱德、王稼祥，还有董必武、瞿秋白、徐特立、谢觉哉、林伯渠等负责同志都曾来校作过军事、政治、经济、文化等的专题报告。红大还赋予改造俘虏、改造白军军官的任务，对转变过来的国民党高级军官如郭化中、陈士骥、何迪宙等，我们量才录用，发挥他们的一技之长。他们原系保定和黄埔军官学校出身，又熟知我们的敌手国民党，我们把他们留下充任教员，发挥他们的作用，这对搞好教学是非常必要的。红大学员来自中央红军，各部队是由中央军委总政治部调学的。来校学习的都是些很好的同志，他们久经战争的陶冶，又在红军建设上有很大的功绩，是多次反“围剿”中战功卓著者，其中有荣膺中央军委红星奖章的。现在我们党政军领导人之中，在当年的红校、红大校园里曾留下了勤奋好学的足迹。

红大是培养红军干部的熔炉。红大的教育方针和教育内容以及适应这一方针、内容的组织形式与斗争形式上，总的说来是随着党对敌斗争的政策和红军的技术、装备条件的变化而变化。红大和红校的教育方针、教学内容和联系实际基本相似，不过红大随着时间的推移，在教学对象上和深度、广度上都和红校不尽相同。两者较之，红大是前进了。红大是在第四次反“围剿”的胜利之后，在蒋介石准备百万大军行将第五次“围剿”之前，形势处于非常紧张，战斗相当频繁，教学任务极为繁重的情况下开学的。它详细总结了前几次反“围剿”的经验教训，并化为红大，全体教工、学员的政治营养，使学习和斗争不断提高。但由于王明机会主义者过分强调正规化，干扰了正确的东西。不过来红大深造的这些干部，在以往跟随毛泽东同志的战斗中，其正确的战略战术，一些传统的人民战争的战法，在他们之中有深刻的影响。在这种情况下，红大很重视干部素质的提高，研究如何把红军造就成真正的人民军队，把工农组成的游击队变成正规军，以迎接严重的斗争。研究在平时怎样教育管理部队，建立正规生活，建立政治工作制度，巩固政治委员制度，特别反对分散主义，反对军阀残余。要求每个学员干部具有高度的政治觉悟和坚韧不拔的战斗作风。

红大联系实际广泛开展校际和社会活动。与彭杨、公略、特科、通讯、供给、卫生等学校保持着密切的联系。本来是一家，有着共同之点，情同手足的兄弟学校，更可取长补短。不过红大起着教育的核心作用，各校的教育计划中央军委指定由红大统一拟制，并经常派出考察小组到各校指导。一切为着前线，无论是何种突击动员，如扩大红军、选举、查田、春耕秋收、慰劳祝捷以及整理新兵师团等等无不参与。曾受到《红色中华》、《红星报》的好评。特别是红大和部队的联系是血肉不可分的。学校是红军的缩影，红军是学校的扩大。红大所教所学的，也就是红军所作所用的。红大之所以联系实际好，还在于它有一个理论联系实际的校领导班子，学校的负责人和教工人员经常是部队、机关、学校轮换和交流，经常是前线后方，后方前线。红大为党为红军培养了好多人材，如宋任穷、韦国清、程子华、曹里怀、周建屏、郭天民、彭雪枫、张宗逊以及刘道生、吴克华、唐亮、杨梅生、陈外欧、蔡顺礼、刘兴隆、帅荣等等，都曾在这里学习生活过。

尽管红大工、学人员处在那样艰苦的战争环境下，为适应这一环境的文体活动搞得却相当的出色。俱乐部成为课外活动的中心，到处

歌声嘹亮，斗志昂扬。每两周一次文娱晚会，还有赵品山主持的话剧团经常演出。学校各队都有列宁室，各单位墙报办得有声有色，文图并茂。红校和红大办了几种刊物：《红校周刊》，后改为《红校生活》；还办过《革命与斗争》、《红色战场汇刊》以及后来办的《红炉》，颇受校内外同志们的欢迎。同时，定期组织军体会和球赛（当时篮球不易买到），使学校生活更加富有生气。文体活动之所以搞得好，除与领导上重视外，还同热爱这方面工作的专业人员如赵品山、石联星、危拱之（红大总支部书记）的具体组织领导有关，又有校外胡底、李伯钊等的热情赞助，加之上海来的搞文艺的知识分子如左联的音乐家崔音波努力参与俱乐部的工作。由于红校、红大办的生动活泼，所以成为红色指战员仰慕的地方。因此，其他根据地来中央苏区和本根据地来瑞金的同志，总是被吸引到这里参观一番。

艰苦困难像块磨刀石，它在砥砺着每个人。红大也同我军一样是在同困难搏斗中生长、壮大起来的。内有人力、物力、财力和开始办校经验不足等困难，特别是王明机会主义路线的干扰；外有蒋介石的反革命“围剿”，红大成了帝国主义和蒋介石空袭的目标。但这一切都不能阻碍它的前进。我们虽然被敌人封锁，日常用品奇缺，连食盐都很困难，经常吃带苦味的硝盐，吃草包饭（因食粮困难只有吃用草包包着定量的份饭），但困难是吓不倒富有创造精神的红军的。为战胜困难，减轻人民的负担，我们自力更生创办了军人书店、军人合作社、畜牧场、碾坊、园圃。同时，这又是教职工、学员脑力劳动与体力劳动相结合的地方。我们用双手创办的校园，可惜在我们离开中央苏区长征之后，被那一小撮“勇于对内，怯于对外”的民族败类、反共专家们所毁。

1934 年春夏之交，蒋介石发动第五次“围剿”的火药味更浓了，这时我由红大调往中央苏区的南大门——粤赣军区，由周昆接替了我红军大学的工作。由于王明机会主义路线的错误，致使第五次反

“围剿”失败，红军不得不长征北上。长征开始，红军大学和其他几所学校变成了干部团，在陈赓为团长、宋任穷为政委以及肖劲光、罗贵波等同志的带领下，在长征中发挥了他们专业知识和勇敢战斗的重要作用。

摘自《何长工回忆录》

萧克：战斗在中央苏区

萧克，中国人民解放军高级将领，上将军衔，曾任中央军委委员，国防部副部长兼军事学院院长等职。

萧克时任红四军三纵队司令、独立第五师师长、湘赣苏区红八军军长等职。

◎萧克将军像

在文家市就听说彭德怀率领的红三军团打开了长沙，但占领10天又退出了。毛泽东和朱德派杨岳彬去同三军团联络，准备两个军团一起行动。当时三军团在永和市，离我们只有60里，杨岳彬很快就联系上了。两天后，我们从文家市向浏阳前进，在永和市与三军团会师。两军团合编为红一方面军，朱德为总司令，彭德怀为副总司令，毛泽东为总政委，滕代远为副总政委，还成立了总前委和中国工农革命委员会，毛泽东任总前委书记和革命委员会主任。

会师的第二天，我们就按照总前委的命令向长沙进军，一下进到离长沙20里的地方。这时长沙守敌收缩了阵地，我们就把长沙包围起来。长沙有城墙，敌人在城外设防，还有电网，我们没有攻城的重武器，便硬着头皮打，各种手段都使出来，甚至连战国时期田单的“火牛阵”都用上了。说起来也好笑，原以为牛尾巴上挂了响炮，就会驱使牛向前走，冲敌人的电网和防御工事，谁知我们花了一千多块大洋，买了二三十头牛，晚上攻打敌人时，点燃牛尾巴上的响炮后，但受惊的牛根本不受我们操纵，向两边跑，甚至掉回头冲我们自己的阵地，造成混乱。

围攻了 10 天没有打下，总前委决定收兵，撤离长沙，退向醴陵、萍乡、安源方向。这个撤兵是对的，打得赢就打，打不赢就走嘛、实际上打长沙在战略上不对、同南昌一样，长沙也是敌重兵防守的中心城市，我们远远没有达到攻占这些大城市的力量，希望“一战而得天下”，是不现实的，当时，立三路线看不到这一点。部队退到醴陵、萍乡一带时，湖南省委还要我们回头去打长沙，说打不开也要打。毛泽东为首的总前委抵制了这种错误思想，决定从长沙撤兵。

长沙虽然没有攻下，但 10 天的围攻战却锻炼了我们的农民军。文家市战斗后，军领导对我们三纵队信任了，打长沙时，便让我们和另两个老纵队共同担负作战任务。那天，敌陈光中部 3 个团由湘江西岸东渡，企图迂回于我攻长沙城主力军侧后，总部令红四军抗击该敌。我们在猴子石与敌人激战，反复冲杀，直至日沉：在战斗中，我纵队刚成立不到 20 天的机关枪连发挥了大作用。这个连的军官干部和机枪手，多属解放过来的敌方兵员，他们射击技术高，打得准，又听指挥，一声令下，4 挺重机枪齐发、打惯了游击战的农民军，听到自己的机关枪响了，精神振奋，冲向敌群、那天我纵队打得很出色，连一纵队都对我们刮目相看了。战役后期，又参加了夜间进攻长沙敌之外围防御阵地的战斗。

长沙大战，使我们这支农民军见了世面，经受了锻炼，已能和正规部队一样打大仗了，我的精神得到大的解放。同我一起从一纵队调来的教导队学员（大部分任连排长），心情也和我一样，他们有时还十分感慨地议论：“司令官以前很少有笑容，最近笑得多了。”

部队成长进步，是全纵队上上下下共同努力的结果，特别是我的好合作者张赤男，对我的支持最有力，帮助最大，每念及此，我都对他怀有深深的敬重和感激之情。1932 年春天，张赤男在战斗中牺牲了，这时我已调独立第五师，消息传来，我为党失去一个优秀干部，为自己失去一个最好的战友而痛惜不已、1981 年春天，我到汀州，闽西人民立墓碑纪念赤男，我为他题写了碑文，以寄托哀思，祭奠英魂。

……

6 月中旬的一天，林彪把我找去，说：“你的工作有变动，让你到独立五师当师长。”

我虽然没有思想准备，但也没有大多顾虑。因我知道这又是一支农民部队，我已经有些带农民军的经验了。

当天，我就赶往驻在福建建宁康都墟的总司令部，见到毛泽东、朱德。他们同我谈了谈，让我去龙岗，向苏区中央局书记项英报到并受领任务。

苏区中央局派来参加总前委会议的王稼祥也回中央局，正好同行、我们从建宁出发，步行 9 天，到了龙岗。

项英向我详细交代了任务：独立五师在永丰、吉安、吉水、万安、泰和、乐安几个县活动，主要是巩固和发展这片红色区域，并努力配合主力红军在当地作战。独立五师由上述几个县的游击队合编组成，共约 2000 人，我任师长兼师党委书记，党内归永（丰）吉（安）泰（和）特委领导（我参加特委）。

在龙岗住了一夜，第二天去永吉泰特委驻地富田，见到特委书记毛泽覃和组织部长陈正人，我把上级的介绍信给了他们。毛泽覃高兴地说：“太好了，正需要你来。”陈正人也说：“老伙计，咱们又一起干了。”

陈正人是井冈山时期的遂川县委书记，我早就认识。毛泽覃也是参加井冈山斗争的，也熟悉。我说："得快些找个政委，再派个政治部主任和参谋长。"

毛泽覃风趣地说："蒋介石是国民党中央政治会议主席、国民政府主席、军事委员会主席兼总司令，你也一个人都兼了吧。"

我笑了，说："那不成了'独裁'吗？"

陈正人说："你就辛苦些，党政军工作一起抓。"

我们都是满腔热情的年轻人，干工作还讲什么条件？我不再说了。

毛泽覃又向我介绍了一下游击队的情况，要我尽快建立师的指挥机关。

告别毛泽覃和陈正人，我赶往离富田 40 里的水南镇，找到吉安县委，就以吉安独立营为基础组建师部。在县委帮助下，从各方面找了 20 多个干部和勤务人员，包括参谋、副官、供给员、会计，还有医生、护士、传令兵、炊事员等等，打出了司令部、政治部、供给部和卫生部的牌子。又将吉安独立营及永丰、万（安）泰（和）独立团分别改称第十三、十四、十五团，每团辖 3 至 5 个连，独立五师算是建立起来了。这期间，我既管军事、政治、后勤、党务，还要管部队，累得够呛。但觉得干革命，累也痛快！

摘自《萧克回忆录》

刘亚楼：横扫七百里，粉碎第二次"围剿"

刘亚楼，中国人民解放军空军上将，是中国人民解放军第一任空军司令员。

刘亚楼时任红一军团二师政委。

◎刘亚楼将军像

……

我们红四军及红三军担任正面，攻击九层岭、观音崖的敌人；红三军团为左路军，经固陂向富田方向攻场景前进；红十二军为右路军，在大山坳一带，牵制上坊、罗坊、潭头的敌人。

九层岭、观音崖怪石峥嵘，悬崖陡峭，易守难攻。敌人已先我到达，占领了这两座山头。夺取这两个制高点，是解决战斗的关键。于是，军部命令部队乘敌立足未稳，立刻发动强攻。

这是16日午后2时。红四军担任夺取九层岭的任务。太阳晒得石头发烫，草木丛生的山地里，分外闷热，战士们一手提枪，一手援附着石块、草木，艰难地向山顶攀登。山高且陡，动作不快，加上敌人麇集山头，火力密集，手榴弹四处滚炸，黑烟翻腾，山石崩飞，不少同志被击中滚跌下来，攻势被挫。指挥员们身先士卒，带领着战士们前仆后继，勇往直前，嘹亮急促的冲锋号声，直冲云霄。十一师政委罗瑞卿同志就是在这次战斗中率领部队冲锋时负了重伤的。可是，敌人拼命抵抗，作垂死挣扎。眼看只是猛冲不能解决问题，而且敌人在我各次冲锋的空隙中继续修筑工事。绝不让敌人的工事修成，绝不让离开了“乌龟壳”的敌人再缩进“乌龟壳”去。师部决定立即集中全师迫击炮向这个山头实行集中射击。敌人工事还没有修成，加上人员非常密集，红军这一顿炮击发挥了最大威力，直炸得敌人血肉横飞，不知所措。

红军战士们一跃而起，不等炮击停止，立即开始冲锋。敌人被炮打昏了，没提防红军战士突然冲到他们面前，在这次猛烈突击之下很快垮了下去。我军占领制高点后，好像神兵天降，直朝山下压去。敌

人那些北方来的兵，山路跑不快，被红军赶得到处乱窜乱躲，有的和石头一起跌跌滚滚，小树被压倒了，枝头上挂着扯烂的布片，枪支弹药遍地都是，满耳一片“缴枪！缴枪！”的哭喊声。红军乘胜猛追，直指富田。

三军团也在中洞把敌公秉藩的二十八师打垮，残余敌人向东溃散。当我们四军由九层岭向下俯冲时，远远看见三军团的战士们漫山盖野地追击过来。我们四军也同声呐喊，向下猛压，无数面红旗一齐挥舞，无数支军号一齐吹动，那股声势简直像山洪暴发。这两师敌人撞在一起更加混乱，像被围猎的獐狐鹿兔，互相挤轧践踏，不多会就被全部歼灭。战士们押着成群的俘虏，解往东固集中。

“牛角尖”终究钻通了。第二次反“围剿”的第一仗，我军又旗开得胜，歼灭了敌人一个整师，敌师长公秉藩本来也俘虏过来了。但他很狡猾，知道红军宽待俘虏，便混在士兵群里，领了三块银元逃跑了。可是从缴获的公秉藩的文件担子里，查出了他的私章。后来，这私章在第一次工农兵苏维埃代表大会胜利品展览馆里展出，红军战士为这位丢盔卸甲、化装偷跑、连官印也丢了的“师长”，写了一首打油诗：

万人出发一人回，
“剿赤”收场悔不该；
提笔起呈心猛省，
叫人快刻私章来。

战役照着毛泽东同志的预计发展，我军迅速转入进攻阶段，从富田向东，奋力横扫。一路经过的市镇，都是敌人的后方补给站，大批弹药、白面、大米，原封不动地堆放在房子里，蒋介石这个运输队长真干得不坏。

第二天，下起雨来，山路泞滑，一不小心就摔跤。这时候，又传来郝梦麟连夜窜回永丰城的消息，大家一听又喜又急，只叫“别再走了，郭华宗！”顾不得坡陡路滑，一股劲向前奔，跌倒了，爬起来又跑，个个弄得浑身都是泥。传令班的小鬼们一个个满脸泥水，只露着一对骨碌碌的眼睛。遇到下山路，他们抱着枪，身子一挫，哧溜一下就滑了下去。后来许多战士也都照他们这样干，行军速度更快了。大家乐得直嚷：“老天给我们加油啦！”

赶了两天到了水南。19 日大早，矛头指向白沙。走没多远，就听到南面一片枪声。小鬼们蹦跳着叫道：“有门儿啦，拖住后腿啦！”果然，传令兵喘吁吁地赶来说，郭华宗刚想逃跑，已经被我们截住，全军立刻投入攻击，师部命令赶快占领大路右侧山岭线。

雨过初晴，太阳光照射着湿漉漉的山林，熠熠耀眼，大地显得更加清新可爱。大家脚底像驾了清风，攀绿腾跃，跨峰越壑，两眼间已经高踞岭头了。朝前面山下大路一望，只见敌军狼狈溃退，人马混杂，一片黄糊糊的人流正满山满谷地向东涌去。

部队迅速在山岭线上展开。这时，正面阻击的我军，正卡在山口上。他们朝敌群中发射了第一发迫追击炮弹，一声爆炸好象擂起战鼓，顿时两侧山头红旗高举，军号齐鸣，手榴弹像一阵铁雹，炸得黑烟翻腾。红军战士们排空而下，杀声震天。敌人有的顽抗，有的四处乱窜。红军战士像虎入羊群，左刺右劈，横冲直撞。

这时候，突然一个白军士兵从岩石后面钻出来，慢腾腾地走过来，把枪往地上一掷，笑嘻嘻地说：“喏，缴枪了！”说着，拿杆烟袋，挖了一斗烟，向站在石头上的指挥员们手上递。大家被他这一下搞楞了，你看我，我看你，谁也不接。他见没有人接，便擦着了火柴，嗤啦嗤啦地自己抽起来，瞅瞅这个又瞅瞅那个，好像这里不是枪炮轰鸣、刀光剑的战场。他好像来到熟朋友面前，又好像做完了一件事回到了家里。

一个传令兵去问他：“你缴枪这么爽快呀，不怕红军？”

“怕什么！”他慢吞吞地说道；“我本来是张辉瓒十八师的兵，去年腊月底在龙冈被你们俘虏过。我筋没有少一根，皮没有少一寸，你们还给了三块银元让我回家。谁知道半路上又被四十三师抓来啦。一打仗，我就四处瞅机会，想点子往这边跑。”

原来他是第一次反“围剿”放回的俘虏。记得战前毛泽东同志分析这次反“围剿”的胜利条件，曾特别提了一条：经过第一次反“围剿”，苏区军民有了胜利的经验，敌人也有了失败的经验。看到眼前这一事实，想起了毛泽东同志的指示，大家不禁相视大笑。

……

5 月 27 日，大军直逼广昌城下。敌人凭着城外山头坚固的工事，企图堵住红军，掩护主力撤退。这时，雨还在淅淅沥沥地下，我军毫不迟延，立即冒雨向这些山头发起攻击，敌人阻击的火力也很猛烈，每一个山头都要经过反复争夺，因此打了整整一天，才把城外的敌人驱逐干净，而我们也伤亡了不少同志。

广昌城东北的河上架着一座木桥。我们部队占领外围工事后，就远远看见敌人的火食担子、骡马辎重正在通过木桥向北撤退，人马被挤得纷纷落水。可惜的是我军的追击炮弹已经用完了，而机枪射程又够不到，不然，用火力把这座桥一封锁，敌人的退路就可以截断了。指挥员们站在工事顶上瞭望，一个个直拍腿叹气。

当晚，我们乘胜攻克了广昌城，歼灭了一部分敌人。在这里又缴获了不少弹药物资，衣服、罐头、纸烟样样俱全。这一仗，只消灭了胡祖玉师一个团，我军却付出了一定的代价，比起前三仗来，便宜不大。

以后红军就分兵两路：红四军北上南丰，追击许克祥、毛炳文；总部率领三军团继续向东，打福建的建宁。

红军到达建宁附近，便从城背后发起攻击。下午三点钟，又以一个师从建宁河下游渡河，迂回到建宁城前面，进行包抄。战斗到下午六时左右，胜利结束，全歼守敌刘和解师。达一仗敌我比例是：敌人七千，红军一万。可见毛泽东同志对于集中兵力的原则，也是根据具体情况灵活运用的。他后来指出："对于强敌，或关系紧要的战场作战，应以绝对优势的兵力临之；""对于弱敌或不关紧要的战场作战，临之以相对优势的兵力也就够了。"那时敌人处在兵败如山倒的情况，士气沮丧，战斗力大减，红军则锋不可犯，锐不可当。在这样的条件下，我军挟破竹之势。以一万乘胜之量，对七千惶骇之众，也就成了完全的优势了。

我军从敌人后方补给线上，横扫七百里，十五天打了五仗，消灭敌人三万多，缴枪两万多支，敌人全线崩溃。蒋介石经营数月的第二次"围剿"，就这样被红军痛快淋漓地、彻底地粉碎了。

摘自《星火燎原（二)》

第六章 红都瑞金的红色遗址和苏区精神

素有“共和国摇篮”之称的红都瑞金，诞生了中国共产党领导的红色政权，记载了中国红军创建革命根据地的历史。作为第二次国内革命战争时期全国最大的革命根据地，红都瑞金遍布红色遗址，更为世人留下了宝贵的精神财富——苏区精神。

历史的辉煌时刻已经定格在革命圣地，瑞金精神却历久而弥新。纪念中央革命根据地创建暨中华苏维埃共和国成立八十周年座谈会上，再一次强调了以坚定信念、求真务实、一心为民、清正廉洁、艰苦奋斗、争创一流、无私奉献等为主要内涵的苏区精神。

红色国都——瑞金革命遗址

1931 年 9 月，中国共产党苏区中央局迁驻瑞金。同年 11 月，中华苏维埃共和国临时中央政府在瑞金成立，同时组成了中央执行委员会、中央革命军事委员会。1933 年 1 月中共临时中央政治局及其他部门由上海迁驻瑞金。从 1931 年 11 月至 1934 年 10 月，中央革命根据地的党、政、军、群等领导机关全部设在这里，瑞金成为中央革命根据地和全国各革命根据地的领导中心。1961 年中华人民共和国国务院公布为全国重点文物保护单位。

瑞金革命遗址包括叶坪、沙洲坝等地的旧址和纪念建筑物共 15 处。

叶坪革命旧址群

位于瑞金市叶坪乡叶坪村。叶坪是中华苏维埃共和国的诞生地，距瑞金城区 5 公里，是全国保存最为完好的革命旧址群之一。拥有革命旧址和纪念建筑物 22 处，其中全国重点文物保护单位 16 处。旧址内有“一苏大”旧址、中共苏区中央局旧址、红军烈士纪念亭、红军检阅台、红军烈士纪念塔、公略亭、博生堡等多处文物。这里既是中国第一个全国性红色政权中华苏维埃共和国临时中央政府的诞生地，

◎瑞金叶坪革命旧址群

又是中共苏区中央局和临时中央政府机关在瑞金的第一个驻地。毛泽东、周恩来、朱德、任弼时、王稼祥等老一辈无产阶级革命家都在这里生活和工作过，“毛主席”的称呼就是从这里喊响的。

中华苏维埃共和国临时中央政府旧址

该旧址原是谢氏宗祠，已有几百年的历史，是中华工农兵苏维埃第一次全国代表大会（简称“一苏大会”）召开的会场和中华苏维埃共和国临时中央政府机关的驻地。

1931年11月7日，“一苏大会”在这里隆重召开。参加大会的有来自闽西、赣东北、湘赣、湘鄂西、琼崖、中央苏区等根据地代表和红军、全总、海员的代表共610名。11月27日，中央执行委员会举行了第一次会议，毛泽东当选为中央执行委员会和其下设的人民委员会主席，项英、张国焘为副主席。从此，毛主席的称呼就在瑞金喊响了，

◎中华苏维埃共和国临时中央政府旧址

并一直喊到北京，传遍世界。

中央人民委员会是最高行政机关，内设外交、军事、土地、内务、财政、教育、司法、劳动、工农检察九个部和国家政治保卫局。会议结束后，谢氏宗祠被木板隔成15个房间，作为各个部的办公室，这个大厅，就成为中华苏维埃共和国临时中央政府的象征。在这里，中华苏维埃临时中央政府首次以国家政权的姿态屹立于世，与当时的“国民政府”对立并存，“成为全国工农革命运动的指导者与组织者”、“成为中国工农民主专政在全国范围内胜利和奠定的先声，创造中国新社会的序幕”。就在这些简陋的办公室里，当时的苏区干部进行了领导与管理国家的伟大尝试。

1933年4月，临时中央政府从这里迁驻沙洲坝后，依然在谢氏宗祠内召开过许多重要会议，如八县区以上负责人查田运动大会，八县贫农团代表大会，中央苏区南部十七县经济建设大会，中央苏区南部十八县选举运动大会。

中央红军主力长征后，该旧址没有被敌人拆毁。解放后，按“一苏大会”的会场布置和临时中央政府各部办公室原貌进行复原陈列并对外开放。1961年3月4日，被国务院公布为全国重点文物保护单位。

中共苏区中央局旧址

这是一栋江南典型的两厅一井民房，建于1924年，因其房主谢深兰在新建居住之初，家中经常出事，便迷信此房风水不好，就闲置不用，搬迁它处居住，后成为中共苏区中央局机关驻地。

中共苏区中央局是全国苏维埃区域党的最高领导机构，1931年1月15日在宁都小布成立，委员有周恩来、项英、毛泽东、朱德、任弼时、余飞、曾山及湘赣边特委1名（名单未定）、共青团中央1人（名单未定）。后增加王稼祥、顾作霖、邓发等，周恩来任书记。周恩来未到达苏区之前，项英、毛泽东先后代理书记。

◎中共苏区中央局旧址

中共苏区中央局成立之初，机构不完善，人员也不能到位，一直随红军总部行动，几经辗转于1931年9月从永丰龙岗迁来瑞金，这栋谢氏私宅就成为中共苏区中央局固定的办公地点。

当时，在这楼上居住和办公的有毛泽东、周恩来、朱德、王稼祥、任弼时以及部分工作人员，楼下是群众住房。那时，这些领导人经常和群众促膝谈心，了解和解决群众的生活困难，关系十分融洽。时任中华苏维埃共和国主席、中共苏区中央局委员等职务的毛泽东，发现一楼居住的谢大娘的房间很暗，即使在白天也得点煤油灯才能干活，就指示贺子珍叫来当地的木匠，自己亲自设计，将屋面部分小青瓦换为玻璃瓦，再把楼板锯成天窗，光线通过玻璃瓦照在天窗中，进入了谢大娘的家，谢大娘白天做事再也不用点煤油灯了。

1933年4月，中共苏区中央局搬迁到沙洲坝下肖村办公，此房由当地百姓居住，还住过负责建筑红军烈士纪念塔等纪念建筑物的工作人员。1961年3月4日该旧址被国务院列为全国重点文物保护单位。

瑞金红军烈士纪念塔

为了纪念在革命战中英勇牺牲的红军烈士，1933年7月11日，中央人民委员会在第四十五次会议上决定在江西省瑞金市叶坪乡兴建红军革命纪念塔，并由钱壮飞设计，梁柏台任工程指导。1934年1月，纪念塔竣工完成。

红军烈士纪念塔，塔高13米，塔身呈炮弹形状，借“枪杆子里面出政权”之意；塔身表面布满小石块，象征着无数革命先烈之凝结。

◎瑞金红军烈士纪念塔

正面嵌镶“红军烈士纪念塔”七个大字。塔座是由红条石雕成的五角星状。纪念塔周围共立有十块碑刻和建塔标志，分别镶有毛泽东、朱德、周恩来、博古、项英、洛甫、王稼祥、凯丰、邓发、张闻天等领导人的题词。

塔的正前方的地面上，有煤渣铺写的而成“踏着先烈血迹前进”八个大字，与高耸的纪念塔相映成辉，充分表达了苏区人民对革命先烈深深地怀念和敬仰。

1934 年 2 月 2 日上午 8 点，苏维埃中央政府为红军烈士纪念塔举行了隆重的揭幕典礼。典礼上，中央军委主席朱德站在纪念塔前，带大家回顾了红军从井冈山以来英勇斗争的经过，讲述了在斗争中光荣牺牲的红军领袖赵博生、黄公略等同志的英雄事迹。最后，朱德提出号召：继承先烈遗志，踏着先烈血迹前进，彻底粉碎敌人的第五次“围剿”。

1934 年 10 月，红军长征后，国民党军队血洗瑞金地区，并损毁了红军烈士纪念塔。当地百姓团结一心，抱着誓死决心保留下了被敌人拆除的“烈”字。全国解放以后，纪念塔得以修复原貌，1961 年被列为全国重点文物保护单位。时至今日，红军烈士纪念塔已成为瑞金的重要革命遗址，它见证了中国革命的奋斗历程，度过了最惨痛的时期，也寄托了人们对无数革命先烈的哀思。

沙洲坝革命旧址群

沙洲坝革命旧址群位于江西瑞金城西北 5 公里的沙洲坝镇境内。

◎沙洲坝革命旧址群

1933 年 4 月至 1934 年 7 月，中央机关从叶坪搬迁至沙洲坝，沙洲坝成为中央革命根据地的心脏。

现存旧址有临时中央政府执行委员会、人民委员会、中央革命军事委员会、中共临时中央局、少共中央局、全总执行局等旧居及中央大礼堂。

中央政府执行委员会旧址

位于元太屋（又名花厅下）。中央执行委员会，最初成立于 1931 年 11 月召开的“一苏”大会期间，是全国苏维埃代表大会闭幕后的最高政权机关。1933 年 4 月至 1934 年 7 月，中华苏维埃工和国中央执行委员会驻此，也是毛泽东、何叔衡、徐特立、谢觉哉等人的旧居。系民房建筑。旧址西南侧古樟一棵，浓荫下常为毛泽东看书阅报、与群众谈心所在。旧址于 1963 年按原貌修复开放，现为全国重点文物保护单位。

中央人民委员会旧址

位于元太屋，系民房。中央人民委员会是中央执行委员会下设的行政机关，指挥全国政务。人民委员会最初下设“九部一局”，后增设国民经济部和粮食部。1933 年 4 月至 1934 年 7 月，中央人民委员会在此办公。张闻天等曾居住此地。旧址于 1953 年按原貌修复。现为全国重点文物保护单位。

◎中华苏维埃共和国中央劳动人民委员会旧址

中央政府大礼堂旧址

位于老茶亭北侧。大礼堂是为迎接第二次全国苏维埃代表大会的召开而建造的。于 1933 年 8 月动工，同年 12 月竣工。占地面积 1530 平方米，土林结构，造型八个角，状若红军帽。大厅内立 48 根木桩，四周辟 17 道门，一次可容纳 2000 余人（包括楼上），礼堂北侧 10 米处，同时修筑了一个回字形防空洞，可容千人。红军主力长征后，大

礼堂遭国民党军拆毁。1956 年依原样修复，并改为钢盘混凝土结构，现为全国重点文物保护单位。

中央革命军事委员会旧址

位于乌石村。系民房。1933 年 5 月，中央军委从前线迁到这里。此房驻有军委总参谋部及其第一局和作战科等机构。朱德、周恩来、刘伯承、叶剑英、康克清等人在此办公和居住。总政治部、总动员部等机关也分驻附近。旧址于 1953 年修复开放。现为全国重点文物保护单位。

◎中革军委旧址

云石山革命旧址群

云石山在瑞金西 18 公里处，是一个高不足百米，方圆不足千米的独立小山头。云石山上的云山古寺，是一幢江南建筑风格的庭院式普通民房。云山古寺是 1934 年 7 月至 10 月间，中华苏维埃共和国中央人民政府的驻地，毛泽东曾经在这里办公和住宿；举世闻名的二万五千里长征，也是从这里起步的。

云石山旧址群主要有：中华苏维埃共和国中央工农民主政府旧址、中共中央政治局旧址、中共中央局旧址、朱德同志旧居等。

1934 年 10 月，红军主力长征后，叶坪红军烈士纪念塔、纪念亭、博生堡、公略亭、红军检阅台等建筑及沙洲坝大礼堂和乌石砻中央革命军事委员会

◎沙州坝毛泽东同志旧居

旧址均遭到破坏。1953～1959 年对旧址进行维修和复原，同时建立了博物馆。1983 年至 1985 年再次全面修缮，大部分旧址都有专人管理。

“长征第一桥”——武阳桥

武阳桥地处瑞金市武阳镇武阳村，距市区 15 公里，为 1934 年 10 月红九军团长征出发时路过的第一座桥，被誉为“长征第一桥”。

武阳桥原本为木板桥，由 13 个桥墩、20 余块木板构架而成，是连接武阳村绵江河两岸的重要交通要道。由于桥上没有护栏，行人走上去摇摇晃晃，担惊受怕。1988 年，瑞金人民把木桥改建为混凝土双曲拱桥。桥身距原址约 100 米，长 111.6 米，宽 6 米，两侧镶着造型美观的护栏，犹如一条巨龙横跨在绵江河上。

长征第一桥是一座革命的桥，记载着多少革命的艰辛！

1930 年夏，武阳去游击队负责人杨斗文、刘国兴带领暴动的农民和游击队员，抗着梭镖，端上长矛，从武阳桥杀进县城，活捉恶霸地主，第一次把红旗插在了桥头。此后，武阳工农群众在共产党的领导下，迅速地建立了红色政权，并在多次的反“围剿”战斗中，不顾敌人阻拦、轰炸，一次次冲过此桥，送弹药、抬担架，支援红军战斗，为反“围剿”的胜利建立了不朽的功勋。

1933 年春天，毛泽东带领一批红军战士来到武阳桥，在武阳村绵江两岸调查指导当地的春耕生产，亲自帮助两岸群众生产动员大会，亲自授予武阳区和石水乡“春耕模范”奖旗。如今，春耕生产动员大会会址依然默默地伫立在武阳桥头，见证着革命的发展历程。

1934 年春秋间，随着广昌保卫战的失败，第五次反“围剿”宣告失败，以王明、博古为首的“左”倾中央，不得不决定实行战略大转移。正在福建闽西战斗的红九军团接到中革军委的命令后，于 10 月初从长汀出发，7 日晚到达瑞金，8 日拂晓到达武阳。由于人数众多，桥身单薄，部队通过武阳桥时，桥体摇晃厉害，战士们不得不分批分段过桥。过河火把的亮光与战士的咳嗽声引来了早起的群众。顿时，沿河两岸群众纷纷云集在武阳桥旁，把鸡蛋、米果、大豆、花生、草鞋、斗笠送到红军战士手上，有的还用松枝点火为红军照明。由于桥体摇晃得厉害，部队过桥速度很慢，年轻力壮的小伙子们纷纷跳下河水，用身体顶住晃动的桥墩，保证红军顺利过桥。月光与火光交相辉映在绵江河上，永远地定格军民鱼水依依惜别情。此后，红九军团经会昌、过安远，追随红军主力艰难西去。

1996 年，原国家主席、中国工农红军总政治部副主任杨尚昆视察瑞金时，亲自前往长征第一桥——武阳桥视察。回忆往昔峥嵘岁月，杨尚昆亲笔挥毫题写“长征第一桥”。

◎万里长征第一桥——武阳桥

瑞金中央革命根据地纪念馆

瑞金中央革命根据地纪念馆原名为瑞金革命纪念馆，位于江西省瑞金县城，是为纪念中国共产党及其领袖毛泽东、朱德等领导创建中央革命根据地而建立的。1953年筹建，1958年建成，1994年正式更名为“瑞金中央革命根据地纪念馆”，1995年被评为“全国优秀爱国主义教育基地”、“全国青少年教育基地”、“全国中小学生爱国主义教育基地”。

纪念馆占地面积8084平方米，馆内共收藏文物10265件，史料10220份；图书、杂志2000多册。通过这些文物资料，参观者可以零距离地感受到当年毛泽东、朱德、周恩来等中央领导人创建革命根据地艰苦历程，以及红一方面军在瑞金的斗争历史。

为了更好地宣传革命传统、不断弘扬苏区精神，纪念馆相继举办了展览《中央革命根据地历史》、《红都教育史迹》、《中央苏区廉政史迹》、《一国两制、百年梦圆》、《江西轿子，苏区赤儿——曾山同志在中央苏区》等。除此之外，纪念馆还组织人员编写了《红色故都》、《瑞金革命文物志》、《伟大的预演》和《中央革命根据地大事记》等书籍，加大了红都瑞金的影响力。

2004年，经中共中央办公厅批准，瑞金中央革命根据地纪念馆开始进行改扩建。纪念馆现占地面积已达到44694平方米，基本陈列是《人民共和国从这里走来——中华苏维埃共和国历史陈列》。

纪念馆成立五十余年，共接待二十多个国家和地区的参观者达上千万人次。为了更好地向世人展示和纪念建立中央革命根据地的辉煌历史，以纪念馆为中心，加大了对周边景区的建设规划，相继修复了五十多个革命遗址，形成瑞金遗址群，并推出了“访共和国摇篮”、“红都之旅，成功之路”等革命遗址巡礼活动。如今，瑞金中央革命根据地纪念馆已成为了人们回顾历史，感受共和国成长的首选之地。

红都的精神财富——苏区精神

1931 年 11 月 7 日，中华苏维埃第一次全国代表大会在江西瑞金召开，宣告成立中华苏维埃共和国临时中央政府，并推选毛泽东为中华苏维埃共和国政府主席。自此，江西瑞金成为了中央革命根据地的中心，中华苏维埃共和国的首都。红色政权的建立大大提高了军事、政治、经济等方面的建设。在红都瑞金，以毛泽东为首的中国共产党为形成具有独立、民主的社会主义的中国描绘下广阔的蓝图。

随着中央苏区的不断发展、扩大，中国共产党逐渐摸索出切合中国国情的革命道路，同时形成了对建党、建国具有深远意义的苏区精神。苏区精神是继井冈山精神之后的新的革命精神，是井冈山精神的深化和延续，同时也是延安精神的伟大奠基。

坚定信念的精神

苏区精神，就是坚定信念的精神。其内涵是深信“星星之火，可以燎原”，中国革命必然能够取得胜利。邓小平曾说：“我们过去几十年艰苦奋斗，就是靠用坚定的信念把人民团结起来，为人民自己的利益而奋斗。没有这样的信念，就没有凝聚力。”大革命失败后，毛泽东开始寻找救国救民的新方法，同时领导工农红军开辟农村革命根据地，并探索出“工农武装割据”的革命之路。当时，红军中的部分人对于走上新的革命道路产生怀疑，甚至表示担忧。为了及时纠正这种悲观的思想，毛泽东指出：“这里用得着中国的一句老话：‘星星之火，可以燎原。’这就是说，现在虽只有一点小小的力量，但是它的发展会是很快的。它在中国的环境里不仅是具备了发展的可能性，简直是具备了发展的必然性。”此后，中国共产党坚持革命必胜的信念，在数次反“围剿”中取得胜利，在全国12个省、约150个县，建立了多达13个苏区，面积共约40余万平方公里、管辖人口约达3000万。其中，以瑞金为中心的中央革命根据地是最大、最具代表性的一块苏区。在苏区的发展和壮大过程中，不断遭受打击和挫折，然而中国共产党始终把“星星之火，可以燎原”的信念作为精神力量的源泉，以星火燎原之势在革命的征途上取得了一次又一次的胜利。

求真务实的精神

苏区精神，就是求真务实的精神。其内涵是反对“本本主义”(教条主义)，深入实际调查，“从斗争中创造新局面”的实事求是思想路线。中国革命初期，以苏联革命为范本，借鉴其建党建国的经验，同时也接受着共产国际方面的帮助和指导。久而久之，部分党员的主观主义和“本本主义”的思想越发严重，开始盲目依赖共产国际做出的指示，忽视了中苏之间的国情差异，不加思考地照本宣科、照搬程序。为此，毛泽东专门进行了实地调查、深入研究，秉承理论与实际相结合的马克思主义原则，在其著作《反对本本主义》中尖锐地指出：“本本主义”是“保守的思想路线”，“完全不是共产党人从斗争中创造新局面的思想路线”，在“要不得！要不得！没有调查！反对瞎说！”的口号中，首次明确提出“没有调查，就没有发言权”、“中国革命斗争的胜利要靠中国同志了解中国情况”。这样的著名论断给那些“本本主义”者以有力的回击，并时刻提醒着中国共产党人要把马克思主义实事求是的精髓运用到实处。此后，毛泽东更是以身作则，相继进行了兴国调查、长冈乡调查、才溪乡调查等，为制定苏维埃土地革命方针、政策和路线打下了坚实的基础。1929年至1932年间，毛泽东注重事实、深入调查研究的工作作风影响了包括朱德、周恩来、刘少奇、陈云、邓小平在内的一批中央重要领导人。在军事方面，同样需要发扬求真务实的精神，毛泽东根据实际战况准确地分析和判断，提

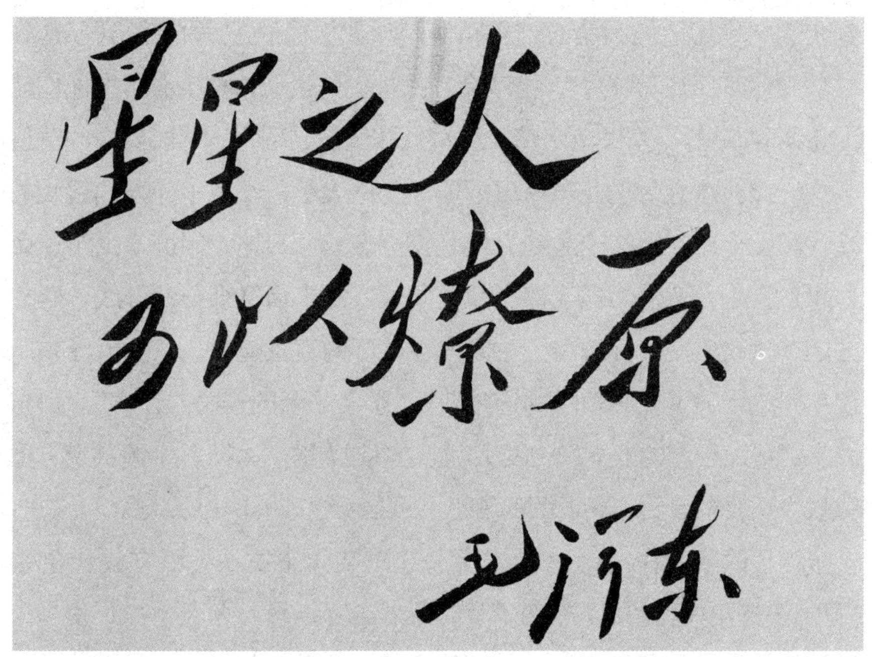

◎毛泽东手书——“星星之火，可以燎原”

出“打到敌人的后方去”，敌人的薄弱点就是红军的重要攻击点，同时采取迂回、穿插等战术，率领红军取得了数次反“围剿”的胜利，取得了以少胜多、以弱胜强的骄人战绩。

执政为民、争创第一的精神

苏区精神，就是执政为民、争创第一的精神。其内涵是民主建政，“真心实意地为群众谋利益”，开拓进取，创造“第一等的工作”的精神状态。建立苏区，成立中华苏维埃共和国临时中央政府，事实上也是中国共产党开始执政的最初阶段。那时，毛泽东曾教导红军广大指战员：“我们要深刻地注意群众生活的问题，从土地、劳动问题，到柴米油盐问题……一切这些群众生活上的问题，都应该把它提到自己的议事日程上。应该讨论，应该实行，应该检查。要使广大群众认识到我们是代表他们利益的，是和他们呼吸相通的。”如果做到了这些“广大群众必定拥护我们，把革命当作他们的生命，把革命当作他们无上光荣的旗帜。”军民鱼水情，红军从井冈山到瑞金，感触最深的莫过于这一点。建立每一处革命根据地，无论大小，都离不开当地百姓的支持和配合。红军战士所到之处，打土豪、分田地，向群众宣传革命思想，真心实意地为群众谋利益，同时，却不拿群众一针一线。建立苏区，执政为民，标志着民主制度在中国的真正建立。正如毛泽东所说，“党开辟了人民政权的道路”，“学会了治国安民的艺术”。自古以来“得民心者的天下”，中国工农红军是人民的军队，中国共产党把执政为民放在首位，真正做到了想人民之所想，一切为了人民。

为了改善人民生活水平、提高红军整体素质，毛泽东提出创造“第一等的工作”的口号，在广大苏区掀起了一阵“争创一流、争当先进”的热潮。随着创造“第一等的工作”运动的开展，苏区军民奋勇争先，边劳动边创造，形成了良好的劳动氛围，加快了苏区的建设和发展。与此同时，涌现出了大批的先进工作者、劳动模范等。当时，兴国县的党员干部作出表率，带领人民群众争创一流，成为了创造“第一等的工作”的代表。在第二次“全苏”大会上，毛泽东称赞他们创造了第一等的工作，是值得大家学习的模范工作者。

时至今日，执政为民、争创一流始终作为建设社会主义的重中之重，党的十七大明确指出：努力使全体人民“学有所教、劳有所得、病有所医、老有所养、住有所居”。可以说，中国共产党从建立苏区之初所形成的建党为民的精神，已然成为了构建和谐社会的重要依托。

艰苦奋斗、廉洁奉公的精神

苏区精神，就是艰苦奋斗、廉洁奉公的精神。其内涵是艰苦奋斗、廉洁奉公的优良作风。中国共产党建立苏区的阶段，一直处在物资严重匮乏、条件艰苦的情况下。为了缓解经济困难，很多家住苏区的干部都放弃了领用伙食费，而是自带干粮工作。在苏区，勤俭节约的美德被落实在衣、食、住、行的各个方面，“节省每一个铜板为着战胜和革命事业”成为了影响整个苏区的口号。当地百姓夸赞苏区的红军说：“他们善于联系群众，在群众面前从不打官腔，摆官谱。”对于红军在苏区的生活，人们常常打趣地说：“他们吃的是‘金丝汤’（红薯丝），睡的是‘金丝床’（稻草），穿的是金丝鞋（草鞋）。”为此，毛泽东曾骄傲地表示，艰苦奋斗精神是“我们的政治本色”。

苏区建设逐渐成熟以后，国民党方面施重兵对苏区采取了一系列“围剿”行动，封锁了经济、物资等来源，红军的日常生活和革命斗争困难重重。第五次反“围剿”失败后，红军主力部队被迫长征，由陈毅、项英等人带领近三万红军政府机关干部和伤病员留守瑞金继续与敌人周旋。当时，队伍中伤残的战士占多数，面对敌人的优势兵力，刚刚伤好出院的陈毅果断决定带领部队上山打游击。经历了五次“围剿”的苏区已经缩小到仅剩下几个县，而革命圣地瑞金早已满目疮痍，进入山里的红军留守部队更是面临着巨大的考验。对于红军战士们来说，条件越是艰苦越是坚持奋斗，他们凭借顽强的毅力和斗志，在深山老林中进行了长达三年的游击战争，并取得了最后的胜利。以艰苦奋斗作为巨大精神支柱的苏区军民，坚持革命，坚持斗争，坚持发展农业、工业、教育、卫生等各项事业，使遭受了重创的苏区逐渐走出黑暗，奔向光明。

共产党员方志敏曾在其著名文章《清贫》中写道：我从事革命斗争，已经十余年了。在这长期的奋斗中，我一向是过着朴素的生活，从没有奢侈过。经手的款项，总在数百万元；但为革命而筹集的金钱，是一点一滴的用之于革命事业。

在苏区，党和苏维埃政府制定了惩治腐败的纪律和法规，加强了对腐败现象的监督。在平等的社会制度下，平民百姓可以监督干部领导，从而实现了法律、群众和舆论的三重监督机制。各级干部、官兵与人民群众同甘苦，以清政廉节为准则，严格要求自己。艰苦奋斗、廉洁奉公的优良作风也成为了党和人民之间共同进步、相互信任的桥梁。在红军撤离苏区之前，苏维埃中央审计委员会发表审计报告称："我们可以夸耀：只有苏维埃是空前的真正的廉洁政府。"世界上任何一个政党都必须具有廉洁奉公的工作态度，正如十七届四中全会提出的"优良的党风是凝聚党心民心的强大力量，各级组织要把反腐倡廉建设放在更加突出的位置。"

无私奉献的精神

苏区精神，就是无私奉献的精神。其内涵是无私奉献、不怕牺牲、一往无前、勇于捐躯的彻底革命精神。从土地革命到建设苏区，无数先烈献出了宝贵的生命，他们身上所体现出的正是这种无私奉献的精神。"我牺牲，为的是无产阶级大多数；我牺牲，为的是贫苦工农。这样死，有价值也有气度；这样死，无忧又无愁。"

从建设苏区到撤离苏区，不时上演着红军广大指战员及群众，为革命无私奉献、不怕牺牲、一往无前、勇于捐躯的感人事迹。赣南地区，13 个苏区县的总人口约为 240 万，先后加入红军的有 33 万余人，支援前线的有 60 余万人。战争中，约 20 余万人牺牲，其中确认姓名的烈士有 10.8 万余人，占全国革命烈士总数的十六分之一。其他包括兴国、瑞金、于都、宁都在内的县中，烈士总人数都在 1.6 万人以上。新的历史时期，战争年代的硝烟早已散尽，无私奉献的精神却是永恒的财富。

参考文献

1.刘晓农. 中央苏区史话. 南昌：江西人民出版社，2011

2.军事科学院军事历史研究所. 中国人民解放军军史. 北京：军事科学出版社，2010

3.李庆山. 80 个看似不可取胜的战役. 南昌：江西教育出版社，2007

4.田延光、孙弘安. 红色记忆：中央苏区故事集（第一辑）. 南昌：江西人民出版社，2011

5.彭德怀. 彭德怀自述. 1981

6.中共中央文献研究室第二部编著. 朱德自述. 北京：解放军文艺出版社出版，2003

7.中国人民解放军三十年征文编辑委员会. 星火燎原（二）. 北京：人民文学出版社，1962

8.何长工. 何长工回忆录. 北京：解放军出版社，1987

9.粟裕. 粟裕战争回忆录. 北京：解放军出版社，1988

10.萧克. 萧克回忆录. 北京：解放军出版社，1997

11.王宗槐. 王宗槐回忆录. 北京：解放军出版社，1995

12.毛泽东. 毛泽东选集. 北京：人民出版社，1991

13.邓小平. 邓小平文选. 北京：人民出版社，1994

14.张云等. 中国人民解放军军事文化遗产. 上海：上海大学出版社，2007

15.谢永林、刘光磊. 红色名城——遵义. 北京：中国旅游出版社，2005